NO TE DES POR VENCIDO

Un libro de consulta para sanar tus heridas

David Wilkerson

 Vida®

La misión de Editorial Vida es ser la compañía líder en comunicación cristiana que satisfaga las necesidades de las personas, con recursos cuyo contenido glorifique a Jesucristo y promueva principios bíblicos.

NO TE DES POR VENCIDO
Edición en español publicada por
Editorial Vida – 1997
Miami, Florida

© 1997 por Editorial Vida

Originally published in the USA under the title:
    Have You Felt Like Giving Up Lately?
    © 1980 by Garden Valley Publishers
    By Fleming H. Revell

Diseño de cubierta: *Paz Design*

ISBN: 978-0-8297-0627-7

CATEGORÍA: Vida cristiana / Crecimiento espiritual

IMPRESO EN ESTADOS UNIDOS DE AMÉRICA
PRINTED IN THE UNITED STATES OF AMERICA

12 13 14 15 16 ❖ 24 23 22 21 20

ÍNDICE

PREFACIO

Este libro se ha venido gestando durante años. Nació de un ansia, arraigada en mi corazón, de querer ayudar a personas atormentadas.

Viajo, predico cruzadas, por todo el mundo; y me encuentro con tantas personas atormentadas que parecen no encontrar alivio para sus problemas. Estas personas atormentadas a menudo son divorciadas o separadas. Otras son personas jóvenes que no encuentran amor. Otras se sienten prisioneras en una tela de araña de desesperación, sufriendo de culpa, condenación, depresión y temor.

Estoy firmemente convencido que, de una forma u otra, todos sufrimos. Todos necesitamos ser sanados de nuestros sufrimientos íntimos. Necesitamos saber cómo poder lograr la verdadera paz y una verdadera libertad de la servidumbre del pecado que nos acosa. El pecado es lo que causa muchos de nuestros problemas y sufrimientos.

Espero que este libro ayudará a muchos cristianos a encontrar verdadera sanidad. Una cantidad considerable de amigos ya han sido sanados como resultado de los mensajes que se incluyen en él.

La sanidad es un proceso. Lea cada capítulo y sea testigos del poderoso proceso de sanidad que se va dando en su vida. Me permito afirmar esto con franqueza, porque sé que estos mensajes nacieron en oración, sumergidos en lágrimas, y fueron sometidos a prueba en angustias y sufrimientos personales y, lo que es más importante, se fundamentan en la verdadera Palabra de Dios.

1

CUANDO SUFRIMOS

De una forma u otra, todos sufrimos. Todos viajamos en el mismo barco. Incluso los muchos que ríen y parecen vivir felices también sufren. Tratan de ocultar su pesar bebiendo y bromeando, pero no desaparece.

¿Quién sufre? Los padres de un hijo o una hija pródigo. Millones de padres se han sentido profundamente heridos por hijos que han rechazado su consejo. Estos padres tan llenos de amor lloran por el engaño y los delitos de hijos que en otro tiempo fueron tiernos y buenos.

Sufren las víctimas de hogares rotos. Sufre la esposa abandonada cuyo marido la dejó por otra mujer. Sufre el marido que perdió el amor de la esposa. Sufren los hijos que perdieron su seguridad.

Otros sufren enfermedades: cáncer, problemas cardíacos y una miríada de enfermedades humanas más. Tiene que ser aterrador escuchar al doctor decirle a uno: "Tiene cáncer; es mortal." Muchos que leen este mensaje han experimentado este dolor y angustia.

Los enamorados rompen. El novio o la novia se va, pisoteando lo que en otro tiempo fue una relación muy bella. Todo lo que queda es un corazón quebrantado, herido.

¿Y qué decir de aquellos sin empleo? ¿Los desanimados cuyos sueños se han desmoronado? ¿Los que viven encerrados en su casa, sin poder salir? ¿Los encarcelados? ¿Los homosexuales? ¿Los alcohólicos?

¡Es cierto! De una forma u otra, todos sufrimos. Todos los que vivimos en la tierra llevamos sobre nosotros una carga de dolor y sufrimiento.

No hay sanidad física

Cuando sufrimos mucho, nadie en este mundo puede evitarnos los temores más íntimos ni el tormento más profundo. El mejor de los amigos no puede realmente entender la lucha que sostenemos, ni las heridas que se nos infligen.

Sólo Dios puede eliminar la marea de depresión y los sentimientos de soledad que nos abruman. Sólo la fe en el amor de Dios puede rescatar el corazón herido. El corazón maltratado y quebrantado que sufre en silencio sólo lo puede curar la acción sobrenatural del Espíritu Santo, y nada funciona a no ser por la intervención divina.

Dios tiene que intervenir para tomar el caso en sus manos. Tiene que interferir en nuestra vida en el punto de ruptura, extender sus brazos amorosos y colocar ese cuerpo y mente que sufren bajo su protección y cuidado. Dios tiene que presentarse como Padre amoroso y demostrar que está ahí, haciendo que todo sea para bien. Debe, con su propio poder, disipar las nubes tormentosas, echar afuera la desesperación y las tinieblas, enjugar nuestras lágrimas y sustituir el pesar con paz mental.

¿Por qué yo, Señor?

Lo que más duele es que sabemos que nuestro amor a Dios es profundo, y con todo no acertamos a entender lo que está tratando de conseguir en nuestra vida. Si fuéramos indiferentes hacia su amor, podríamos entender por qué no obtenemos respuesta a nuestras oraciones. Si estuviéramos alejándonos de Dios, probablemente podríamos entender por qué nos siguen llegando pruebas y fuertes sufrimientos. Si fuéramos pecadores declarados, que desprecian las cosas de Dios, podríamos llegar a aceptar que merecemos sufrir mucho. Pero no nos estamos alejando; no lo estamos rechazando en forma alguna. Anhelamos hacer su perfecta voluntad. Ansiamos agradar a Dios y sólo queremos servirlo con todo nuestro ser. Por esto nuestro sufrimiento nos debilita tanto. Nos hace sentir como si hubiera algo terrible en nosotros. Dudamos nuestra profundidad espiritual, y a veces, incluso cuestionamos nuestra cordura. Desde algún recoveco profundo de nuestro ser, una voz susurra: "Quizá tengo alguna deficiencia. Quizá sufro tanto porque Dios no encuentra mucho bien en mí. No debo estar cumpliendo su voluntad; tiene que disciplinarme para hacerme obediente."

Los amigos insisten en ayudar

El corazón maltratado o quebrantado produce el dolor más agudo que conozca el ser humano. La mayor parte de los sufrimientos humanos son sólo físicos, pero el corazón herido debe cargar con un dolor que es tanto físico como espiritual. Los amigos y seres queridos pueden ayudar a suavizar el dolor físico de un corazón quebrantado. Cuando están ahí, riendo, amando y preocupándose, el dolor físico disminuye, y se experimenta un alivio temporal. Pero cae la noche, y con ella llega el terror de la agonía espiritual. El dolor siempre es peor en la noche. La soledad desciendo como una nube amenazadora, cuando se pone el sol. El sufrimiento estalla cuando estamos solos, tratando de entender cómo hacer frente a las voces y temores internos que salen una y otra vez a la superficie.

Nuestros amigos, que en realidad no entienden lo que estamos experimentando, ofrecen toda clase de soluciones fáciles. Se impacientan con nosotros. Quizá se sientan contentos y despreocupados en esos momentos, y no pueden entender por qué no nos animamos. Sospechan que estamos cayendo en la piedad de nosotros mismos. Nos recuerdan que el mundo está lleno de personas quebrantadas, adoloridas, que han sobrevivido. Más a menudo quieren hacer esa oración única, que todo lo cura, que todo lo resuelve. Nos aconsejan que "liberemos nuestra fe, exijamos la promesa, confesemos que estamos curados y salgamos de la desesperación".

Todo esto está muy bien, pero son consejos que provienen de cristianos que no han experimentado mucho sufrimiento en su propia vida. Son como los cuidadores de Job, quienes conocían todas las respuestas pero no podían aliviar su dolor. Job les dijo: " . . . sois todos vosotros médicos nulos" (Job 13:4). Gracias a Dios por los amigos bien intencionados, pero si pudieran experimentar nuestra agonía por si quiera una hora, cambiarían de actitud. Coloquémoslos una sola vez en nuestro lugar, sintiendo lo que sentimos, experimentando el dolor íntimo con el que cargamos, y entonces nos dirían: "¿Cómo es posible que lo resistan? ¡No podría aguantar lo que están soportando!"

El tiempo nada cura

Luego está la vieja frase hecha: "El tiempo cura todas las heridas." Se nos dice que permanezcamos firmes, que sonriamos y que esperemos que el tiempo vaya anestesiando nuestro dolor. Pero me temo que todas las recetas y frases hechas acerca de la soledad las han acuñado personas felices, que no sufren. Suenan bien, pero no son ciertas. El tiempo nada cura; ¡sólo Dios cura!

Cuando sufrimos, el tiempo sólo aumenta el dolor. Pasan días y semanas, y la agonía persiste. El sufrimiento no desaparece, no importa la fecha que marque el calendario. El tiempo puede hacer encubrir el dolor en lo más profundo de la mente, pero cualquier pequeño recuerdo lo hace volver a la superficie.

En verdad, tampoco ayuda mucho conocer a cristianos que hayan sufrido antes que nosotros a lo largo de los siglos. Nos podemos identificar con el sufrimiento de personajes bíblicos que superaron terribles pruebas de dolor. Pero saber lo que otros han experimentado en medio de grandes luchas no calma el sufrimiento que sentimos en las entrañas. Cuando leemos acerca de cómo salieron triunfantes de sus batallas, y nosotros todavía no lo hemos conseguido, aumenta aún más nuestro sufrimiento. Nos hace sentir como si ellos hubieran estado muy cerca de Dios para recibir semejantes respuestas a sus oraciones, porque nuestro problema permanece, a pesar de todos nuestros esfuerzos espirituales.

Problema doble

Rara vez las personas sufren algún daño sólo una vez. La mayor parte de los que sufren algún daño pueden mostrar también otras heridas. Se acumula dolor sobre dolor. El corazón quebrantado suele ser tierno y frágil. Se quebranta fácilmente porque no está protegido con un caparazón de dureza. Quienes tienen el corazón endurecido confunden la ternura con la vulnerabilidad. Se ve a la tranquilidad como debilidad. La entrega total de sí mismo a otra persona se confunde con una actitud avasalladora. Al corazón que no teme admitir sus necesidades de amor se lo juzga como demasiado orientado hacia el sexo.

De ahí se sigue que el corazón tierno que busca amor y comprensión suele ser el más fácil de quebrantar. Los corazones abiertos y confiados suelen ser los que más heridas sufren. El mundo está lleno de hombres y mujeres que han rechazado el amor que les ofrece un corazón amable y tierno. Los corazones fuertes, con caparazón, que no confían en nadie, los corazones que dan muy poco, los corazones que exigen que se demuestre constantemente el amor, los corazones que siempre calculan, los corazones que están siempre manipulando y buscando el provecho propio, los corazones que tienen miedo de arriesgar, son los que rara vez sufren quebrantos. No son heridos, porque no hay nada que herir. Son demasiado orgullosos y centrados en sí mismos para permitir que alguien más los haga sufrir de alguna manera. Viven quebrantando otros corazones y pisoteando las almas frágiles que llegan a su vida, sencillamente porque están tan endurecidos y aletargados de corazón y porque piensan que todos deberían ser como ellos. A los corazones duros no les gustan las lágrimas. Odian los compromisos. Se sienten abrumados cuando se les pide que compartan de sí mismos.

Los que causan dolor no se libran fácilmente

Parte del dolor que debe sufrir el quebrantado de corazón proviene del pensamiento de que el ofensor, el que causa el dolor, se va a salir con la suya. El corazón dice: "Yo soy el ofendido y herido, pero soy yo quien paga el precio. El ofensor no recibe ningún castigo, cuando debería pagar por lo que hizo." Este es el problema de las cruces; se crucifica a la persona equivocada. Pero Dios lleva la cuenta, y en el día del juicio, los libros cuadrarán. Pero incluso en esta vida, los que causan daño y heridas pagan un precio elevado. No importa cómo traten de justificar sus acciones dañinas; no pueden ahogar el clamor de los que han sido heridos. Como la sangre de Abel, que clamó desde la tumba, el llanto del corazón quebrantado puede penetrar la barrera del tiempo y del espacio para aterrorizar al más duro de los corazones. Lo que suele hacer más daño son las mentiras patentes, y a los mentirosos les llegará el momento de ser sometidos a la justicia.

¿Hay algún bálsamo para el corazón quebrantado? ¿Hay sanidad para esas heridas profundas, íntimas? ¿Pueden recomponerse los pedazos para formar un corazón todavía más fuerte? ¿Pueden las personas que han sufrido semejante dolor y sufrimiento levantarse de entre las cenizas de la depresión para descubrir una forma nueva y más poderosa de vida? ¡Sí! ¡Decididamente sí! De lo contrario, la Palabra de Dios sería un engaño, y Dios mismo sería un mentiroso. ¡Y esto no puede ser!

Permítanme compartir algunos pensamientos sencillos acerca de cómo enfrentarse con el dolor.

No tratemos de averiguar cómo y por qué hemos sido lastimados. Lo que nos ha sucedido es un mal muy común entre los humanos. Nuestra situación no tiene nada de única. Es lo normal en la naturaleza humana. A estas alturas no tiene ninguna importancia si teníamos o no la razón. Lo único que importa es la disposición de seguir adelante apoyados en Dios y de confiar en la acción misteriosa suya en nuestra vida. La Biblia dice:

> . . . no os sorprendáis del fuego de prueba que os ha
> sobrevenido, como si alguna cosa extraña os aconte-
> ciese, sino gozaos por cuanto sois participantes de los
> padecimientos de Cristo, para que también en la reve-
> lación de su gloria os gocéis con gran alegría.
>
> 1 Pedro 4:12, 13

Dios no prometió darnos una vida sin dolor: prometió la manera de salir de ella. Prometió ayudarnos a sobrellevar el dolor y a darnos la fortaleza para seguir de pie cuando la debilidad nos hace tambalear.

Lo más probable es que hayamos hecho lo que debíamos. Seguimos adelante cumpliendo la voluntad de Dios, según los dictados sinceros del corazón. Nos abrimos a ello con todo el corazón, deseosos de entregarnos. Todo por amor. No fuimos nosotros quienes frustramos la voluntad de Dios; otros lo hicieron. De no ser así, no seríamos nosotros los que experimentáramos tanto dolor. Hemos sido lastimados porque procuramos ser honestos.

No podemos entender por qué las cosas salieron mal, cuando Dios parecía que iba dirigiendo nuestros pasos. El corazón pregunta: "¿Por qué permitió Dios ante todo que me metiera en esto, si Él sabía que nunca iba a salir bien?" Pero la respuesta es clara. A Judas lo llamó el Señor; estaba destinado a ser un hombre de Dios. El Salvador mismo lo escogió; Dios lo podía haber usado en forma poderosa. Pero Judas frustró el plan de Dios. Quebrantó el corazón del Salvador. Lo que comenzó como un plan hermoso y perfecto de Dios concluyó en desastre, porque Judas escogió seguir su propio camino. El orgullo y la obstinación echaron a perder el plan de Dios que estaba funcionando.

De modo que descartemos esos sentimientos de culpa. Dejemos de condenarnos. Dejemos de tratar de averiguar qué hicimos mal. Lo que realmente cuenta delante de Dios es lo que estamos pensando en este momento. No cometimos ningún error; lo más probable es que dimos demasiado. Como Pablo, tenemos que decir: "Cuanto más amé, menos fui amado" (*Véase* 2 Corintios 12:15).

Recordemos que Dios conoce con exactitud cuánto podemos tolerar, y que no permitirá que lleguemos al límite. Nuestro amante Padre dijo:

> No nos ha sobrevenido ninguna tentación que no sea humana; pero fiel es Dios, que no os dejará ser tentados más de lo que podéis resistir, sino que dará también juntamente con la tentación la salida, para que podáis soportar.
>
> 1 Corintios 10:13

La peor clase de blasfemia es pensar que Dios está detrás de todos nuestros sufrimientos y dolores, que es el Padre celestial quien nos disciplina, que Dios piensa que necesitamos ser lastimados una o dos veces antes de estar listos para recibir sus bendiciones. ¡No es así!

Es verdad que el Señor prueba a los que ama. Pero esas pruebas son sólo temporales y no tienen como fin hacernos sufrir. Dios no es el autor de la confusión que haya en nuestra vida; ni tampoco lo somos nosotros. Son fallos humanos. Es el enemigo que siembra cizaña en el campo de nuestros esfuerzos. Es el engaño de alguien cercano, que ha perdido la fe en Dios. El enemigo trata de herirnos por medio de otros seres humanos, del mismo modo que trató de herir a Job por medio de una esposa incrédula.

Nuestro Padre celestial vela por nosotros con ojos inmutables. Supervisa todos nuestros movimientos. Cuenta todas las lágrimas. Se identifica con todos nuestros sufrimientos. Siente todos nuestros dolores. Sabe cuándo hemos sufrido suficiente acoso del enemigo. Interviene para decir: "¡Basta!" Cuando el sufrimiento y el dolor ya no nos acercan más al Señor, cuando, por el contrario, comienzan a deteriorar nuestra vida espiritual, Dios interviene. No permitirá que un hijo suyo sucumba a causa de demasiado dolor y agonía del alma. Cuando el sufrimiento comienza a perjudicarnos, cuando comienza a impedir el crecimiento, Dios debe actuar para sacarnos por un tiempo de la batalla. Nunca permitirá que nos ahoguemos en nuestras lágrimas. No permitirá que el sufrimiento destruya nuestra mente. Promete acudir, a tiempo, para enjugar nuestras lágrimas y para sustituir nuestra tristeza con gozo. La palabra de Dios dice: " . . . por la noche durará el lloro, y a la mañana vendrá la alegría" (Salmo 30:5).

Cuando el sufrimiento es más intenso, vayamos a nuestro lugar privado de oración para borrar con lágrimas nuestra amargura. Jesús lloró. ¡Pedro lloró amargamente! Pedro cargó con el dolor de haber negado al Hijo de Dios. Anduvo a solas por las montañas, llorando de pesar. Esas amargas lágrimas produjeron en él un dulce milagro. Regresó para hacer tambalear el reino de Satanás.

Una mujer que había sufrido una mastectomía escribió un libro titulado *First You Cry* [Primero hay que llorar]. ¡Cuán importante es! Hace poco hablaba con un amigo que se acababa de enterar que tenía cáncer terminal. "Lo primero que hay que hacer — me dijo es llorar hasta que ya no le quedan lágrimas a uno. Luego comienza uno a acercarse a Jesús, hasta llegar a convencerse de que sus brazos lo sostienen a uno."

Jesús nunca cierra los oídos a un corazón que clama. Dijo: "Al corazón contrito y humillado no despreciaré" (*Véase* Salmo 51:17). El Señor nunca dirá: "¡Domínate! ¡Manténte firme y toma la medicina! Aprieta los dientes y seca las lágrimas." ¡No! Jesús guarda todas las lágrimas en su receptáculo eterno.

¿Nos sentimos muy heridos? Entonces ¡adelante, lloremos! Y sigamos llorando hasta que ya no fluyan más lágrimas. Pero que estas lágrimas nazcan sólo del dolor, y no de la incredulidad o piedad de nosotros mismos.

Convenzámonos que sobreviviremos, que saldremos adelante; vivos o muertos, pertenecemos al Señor. La vida sigue. Nos sorprenderíamos de cuánto podemos soportar, con la ayuda de Dios. Vivir felices no es no sufrir ni no ser heridos en absoluto. La verdadera felicidad es aprender cómo vivir día a día, a pesar de todas las tristezas y dolores. Es aprender a regocijarse en el Señor, no importa lo que haya sucedido en el pasado.

Podemos sentirnos rechazados. Podemos sentirnos abandonados. Nuestra fe puede ser débil. Quizá pensemos que ya estamos al borde de la derrota. Tristeza, lágrimas, dolor y vaciedad pueden engullirnos a veces; pero Dios sigue en su trono. ¡Sigue siendo Dios!

No nos podemos ayudar a nosotros mismos. No podemos detener el dolor y el sufrimiento. Pero nuestro bendito Señor vendrá a nosotros, y pondrá su mano amorosa sobre nosotros para elevarnos a fin de que volvamos a sentarnos en lugares celestiales. Nos liberará del temor de la muerte. Nos revelará su amor inagotable por nosotros.

¡Levantemos la mirada! Elevemos el ánimo en el Señor. Cuando la niebla nos rodee hasta el punto de no poder discernir cómo salir del dilema en que estamos, descansemos en los brazos de Jesús y sencillamente confiemos en Él. ¡Él lo hará todo! Desea nuestra fe, nuestra confianza. Quiere que clamemos: "¡Jesús me ama! ¡Está conmigo! ¡No me fallará! ¡En este momento lo está resolviendo todo! ¡No seré derribado! ¡No seré derrotado! ¡No seré vícitma de Satanás! ¡No perderé mi norte ni me extraviaré! ¡Dios está de mi lado! ¡Él me ama y yo lo amo!"

La base de todo es la fe. Y la fe descansa en este hecho absoluto: "Ninguna arma forjada contra ti prosperará . . . " (Isaías 54:17).

2

NO PODEMOS CARGAR NUESTRA CRUZ

Es totalmente cierto que Cristo les dijo a sus discípulos: " . . . Si alguno quiere venir en pos de mí, niéguese a sí mismo, y tome su cruz, y sígame" (Mateo 16:24). Pero Jesús no pudo cargar su cruz, ¡y tampoco podemos cargarla nosotros! Él sucumbió bajo el peso de su cruz, cansado, agotado, incapaz de dar un paso más. Juan dijo: "Y él, cargando su cruz, salió al lugar llamado . . . Gólgota" (Juan 19:17). La Biblia no nos dice hasta dónde cargó la cruz. Sí sabemos que Simón de Cirene fue obligado a recogerla para llevarla al lugar de la crucifixión (Mateo 27:32).

Jesús sí tomó la cruz y fue conducido por sus verdugos como cordero al matadero. Pero no pudo cargarla por mucho tiempo. La verdad es que Jesús estaba demasiado débil y delicado para cargar la cruz. La colocaron sobre la espalda de otra persona. Había llegado al final de sus fuerzas; estaba físicamente quebrantado y herido. Las personas sólo pueden tolerar hasta cierto punto. Hay un límite.

¿Por qué obligaron a Simón a recoger esa cruz? ¿Estaba Jesús en el suelo de esa calle empedrada, inerte, con la cruz encima como un peso muerto? ¿Le dieron de puntapiés para tratar de espabilarlo y así obligarlo a seguir adelante? ¿Y quedó simplemente tumbado sin suficiente fuerza para ni siquiera mover un dedo? La cruz se había vuelto demasiado pesada de llevar.

¿Qué significa esto para nosotros? ¿Nos forzaría nuestro Señor a hacer algo que Él mismo no pudo hacer? ¿Acaso no dijo: "Y el que no lleva su cruz y viene en pos de mí, no puede ser mi discípulo?" (Lucas 14:27). Una cruz es una cruz, ya sea de madera o espiritual. No basta decir: "Su cruz fue diferente; nuestra cruz es espiritual."

Me da mucha esperanza saber que Jesús no pudo cargar su cruz. Me estimula saber que no soy el único que a veces sucumbe, incapaz de seguir adelante con sólo las propias fuerzas. Si queremos identificarnos con la crucifixión, debemos también identificarnos con los pasos que condujeron a la cruz. Debemos aceptar, de una vez por todas, la verdad que ningún ser humano puede cargar su propia cruz.

No busquemos interpretaciones ocultas; Jesús sabía muy bien lo que decía cuando nos invitó a tomar nuestra cruz y seguirlo. Él recuerda su cruz. Recuerda que otra persona tuvo que cargarla por él. ¿Por qué, entonces, nos iba a pedir que carguemos cruces que sabe que nos van a aplastar? Sabe que no podemos cargarlas hasta el final con nuestra propia fortaleza. Lo sabe todo acerca de la agonía, la impotencia y el peso que genera una cruz.

Hay una verdad oculta en eso que debemos descubrir. Es una verdad tan poderosa y edificante, que podría cambiar la forma en que vemos todos nuestros problemas y sufrimientos. Aunque casi suene sacrílego sugerir que Jesús no cargó su propia cruz, es la verdad. Lo que significa para nosotros hoy es que Jesús, quien se siente conmovido ante los sentimientos que producen nuestras debilidades, debe experimentar por sí mismo la debilidad, el desaliento y la impotencia de seguir adelante sin ayuda. Fue tentado en todo como nosotros. La tentación no está en fallar, o en que se caiga la cruz a causa de debilidad. La verdadera tentación es tratar de recoger esa cruz para seguir llevándola con nuestra propia fuerza. Dios hubiera podido levantar sobrenaturalmente esa cruz y en forma mágica haberla trasladado hasta el Calvario. También hubiera podido haberle eliminado el peso a la cruz para que fuera como una pluma. Pero no lo hizo. La escena de la crucifixión no fue una serie de errores, y, aunque Cristo murió en manos de pecadores, todo el plan había estado en el corazón de Dios desde la fundación del mundo. Dios puso ahí a Simón, para que desempeñara su papel en el plan de la redención. A Dios no lo tomó por sorpresa cuando su Hijo ya no pudo seguir llevando la cruz y con ello cumplió la profecía. Dios sabía que Jesús iba a tomar su cruz, llegar hasta el Gólgota, para luego depositarla en tierra.

Nuestra cruz debe mostrar nuestra debilidad

Dios también sabe que ninguno de sus hijos puede llevar la cruz que toma cuando sigue a Cristo. Deseamos tanto ser buenos discípulos; deseamos tanto negarnos a nosotros mismos y tomar la cruz sobre los hombros. Parece que olvidamos que esa misma cruz un día nos llevará al límite de nuestra fortaleza y resistencia humanas. ¿Nos iba a pedir Jesús expresamente que tomáramos cruces que Él sabe que iban a agotar nuestras energías humanas y que iban a dejarnos postrados en desesperanza, incluso hasta el punto de abandonarlo todo? ¡De ningún modo! Jesús nos advierte: " . . . separados de mí nada podéis hacer" (Juan 15:5). Por esto nos pide que tomemos nuestra cruz y nos esforcemos con ella hasta que aprendamos esa lección. No es sino hasta que la cruz nos hace morder el polvo que aprendemos la lección de que no es con nuestro poder, con nuestras fuerzas, sino con su poder. Esto es lo que quiere decir la Biblia cuando afirma que su fortaleza se perfecciona en nuestra debilidad. Nunca ha querido decir que la manera de Dios es un poco mejor que la nuestra y que su fortaleza es un poco superior. Quiere decir que la manera de Dios es la única. ¡Su fortaleza es la única esperanza!

Jesús mira este mundo, lleno de hijos confusos que tratan de establecer su propia justicia y de agradarle a su manera, y envía cruces. La cruz es para quebrantarnos, para vaciarnos de todo esfuerzo humano. Sabemos que hay alguien más fuerte que Simón que acudirá cuando lleguemos al límite para tomar sobre sí la carga, pero no puede acudir hasta que nos rindamos, hasta que lleguemos al punto de clamar: "Señor, no puedo dar un paso más. ¡Estoy agotado! ¡Estoy quebrantado! ¡Ya no me quedan fuerzas! ¡Me siento muerto! ¡Ayúdame!"

Jesús fue crucificado "en debilidad" (2 Corintios 13:4). Es cuando nos volvemos totalmente débiles y humillados que somos testigos de la crucifixión de nuestro propio orgullo. Debido a la debilidad, somos hechos fuertes por la fe en el Señor. Nuestro espíritu quiere llevar nuestra propia cruz, pero la carne es débil. Pablo pudo gloriarse en su cruz, y se complugo en lo débil que lo había hecho. Dijo:

> ... me gozo en las debilidades, en afrentas, en
> necesidades, en persecuciones, en angustias; porque
> cuando soy débil, entonces soy fuerte. Y me ha dicho:
> Bástate mi gracia; porque mi poder se perfecciona en
> la debilidad ...
>
> 2 Corintios 12:10, 9

Pablo no fue débil y fuerte al mismo tiempo. Se volvió débil a causa de sus problemas y angustias. Pero cuando su cruz lo derrumbó, no se desesperó. Y a partir de esa debilidad se volvió fuerte. Pablo se regocijó en este proceso de volverse débil, porque era el secreto para llegar a tener poder con Cristo. " ... Por tanto de buena gana me gloriaré más bien en mis debilidades, para que repose en mí el poder de Cristo" (2 Corintios 12:9).

¿Cuál es nuestra cruz? ¡Es cualquier carga o presión que amenace derribarnos! Mis amigos drogadictos llaman a las suyas "un mono en la espalda". No es una referencia sacrílega a la cruz; sencillamente define la imagen que tienen de una carga que los aplasta. A menudo he escuchado a maridos y esposas referirse a su matrimonio como la "cruz que hay que cargar". Otros ven como su cruz un trabajo que no satisface, una enfermedad, una situación de soledad, o un divorcio. He escuchado toda clase de definiciones de qué representa la cruz. Incluso he escuchado a homosexuales que se refieren a su hábito como a una pesada cruz. Como Jesús no describió los detalles de la cruz que hemos de tomar, sugiero que es cualquier cosa que precipita una crisis en nuestra vida espiritual. Por ejemplo, la soledad puede ser una cruz, si se vuelve una carga demasiado pesada para llevar y acaba por conducirnos al límite de nuestras fuerzas. Entonces es cuando podemos dejar que el Señor nos extienda la mano para sacarnos de la piedad propia y de la destrucción de nosotros mismos. La soledad es algo bueno, si nos hace suficientemente débiles como para desear sólo la fortaleza de Dios.

"No hago lo suficiente por Dios." Mi cruz es peculiar, pero no desconocida para muchos. Me siento constantemente agobiado bajo un sentimiento de *nunca hacer bastante*. Esta cruz suele volverse más pesada después de haber escrito un libro con éxito de ventas, después de haber predicado a miles, después de haber organizado un programa de alimentos para niños que se mueren de hambre, o después de haber aconsejado a centenares de parejas con problemas. Me retiro por unas semanas, hago inventario de mi vida y de mi ministerio, y algo en mí me hace sentir inquieto. Me deprimo y confieso a mi esposa y amigos: "Siento como si no estuviera haciendo nada por Dios. No me siento tan satisfecho como debería. A veces me siento tan inútil."

Con frecuencia experimento esta sensación de "inconcluso". Siento que paso demasiado tiempo haciendo cosas insignificantes. Es difícil sentirse cómodo cuando una voz interior me acusa de no "consumirme por Cristo". Pienso en todo lo que me prometí hacer, los proyectos que concluiría, el crecimiento en Dios que lograría, y mucho de ello nunca se realiza. Me acuso de pereza. Otros parecen tan disciplinados y motivados, y me imagino que se me adelantan, que me dejan postrado en el polvo. Pero Dios me pedirá que cargue esa cruz todos los días, hasta que por fin llegue al límite. Evidentemente, es una parte de mi vida que todavía no está bajo su control. Un día sucumbiré desesperado y exclamaré: "Señor, ya no me importa. Que todo el mundo me adelante. Que todos mis sueños desaparezcan. No quiero ser sino discípulo obediente. No quiero seguir compitiendo conmigo mismo ni con otros. No más metas egoístas. Hazte cargo, Señor, y alivia mi carga." Entonces nuestro Señor intervendrá para susurrar: "Ahora, David, déjame llevar tu carga."

Cruces espirituales. A veces el orgullo espiritual puede ser una cruz. Cuando comenzamos a dar testimonio de las grandes cosas que Dios está realizando en nuestra vida, asumimos una pesada carga. Dios nos da un espíritu quebrantado y contrito; otros acuden a nosotros en busca de ayuda, y reciben bendición; Dios nos usa en formas maravillosas para alentar a personas con las que entramos en contacto. Comenzamos a decirnos: "¡Vaya! Siento tanto gozo. Dios me ha hecho tan tierno y lleno de amor. Por fin estoy aprendiendo a superar mis tentaciones y a crecer en el Señor. Me siento como si estuviera a punto de entrar en una vida de gloria y poder espirituales. Por fin he alcanzado un nivel de confianza y paz. No quiero volver para nada a donde estaba antes."

Una semana después, estamos postrados en el polvo; y parece como si todas las energías se nos hubieran agotado. Todo lo que podemos decir es: "¿Qué sucedió? No he pecado contra Dios; no he dudado. Se me fue el gozo. Parece como si en mí ya no hubiera nada que pueda dar a los demás. Me siento árido y vacío. ¿Por qué no he conservado los hermosos sentimientos?"

Nunca llegaremos

Escúchenme, amigos míos. Dios nunca permitirá que se sientan como si ya hubieran llegado. Este es el problema de muchos cristianos hoy día. Tiempo atrás, recibieron una gran bendición del Señor. Dios hizo algo maravilloso en su vida. El Espíritu Santo vino sobre ellos y reconstruyó sus vidas, totalmente. Fue magnífico, y comenzaron a contarle al mundo acerca de su avivamiento. Pero desde entonces todo ha sido cuesta abajo. Han estado viviendo de esa especial experiencia única y, en el proceso, se han vuelto complacientes y satisfechos de sí mismos. Tengan cuidado cuando piensan estar firmes, no sea que caigan. Finalmente, ese cristiano que en otro tiempo fue bendecido, acaba sintiéndose débil y vacío. Después de tratar, sin éxito, de invertir y recrear las bendiciones, lo deja todo desesperado. Exclama: "Estoy espiritualmente muerto. He perdido contacto con Dios. Me siento un farsante. Me parece que no puedo recuperar mi relación con el Señor."

Su amor por Jesús puede hacer que caigan de rodillas, pero su cruz los pondrá boca abajo en el suelo, en el polvo. Dios les sale al encuentro en esa condición de postración, y les susurra: "He escogido lo débil del mundo, lo necio; lo quebrantado; las cosas que son nada, para que ninguna carne se gloríe en su presencia."

La cruz nos enseña a negarnos

Tendremos que llevar nuestra cruz hasta que aprendamos a negarnos. ¿Negar qué? Lo único que constantemente obstaculiza la obra de Dios en nuestra vida: el yo. Veamos de nuevo lo que dijo Jesús: "Si alguno quiere venir en pos de mí, niéguese a sí mismo, y tome su cruz, y sígame." Entendemos mal este mensaje si enfatizamos la negación de uno mismo, es decir, el rechazo de lo material o de las cosas ilícitas. Jesús no nos llamó para que aprendiéramos la disciplina de nosotros mismos antes de que tomáramos la cruz. Es mucho más riguroso que esto. Jesús nos pide que nos neguemos a nosotros mismos. Esto significa negar nuestra capacidad para llevar cualquier cruz con nuestra propia fuerza. En otras palabras, *no tomen la cruz hasta que estén dispuestos a repudiar todo pensamiento de llegar a ser discípulos santos como resultado de su propio esfuerzo.*

Hay millones de cristianos confesos que se jactan de cómo se niegan a sí mismos. No beben ni fuman ni maldicen ni fornican; son ejemplos de estupenda disciplina. Pero jamás admitirían que todo esto lo logró alguien o algo que no fuera su fuerza de voluntad. De hecho, se apresuran a añadir afirmaciones como éstas: "Puedo dejarlo en cuanto lo decida." "El diablo no me puede engañar." "Guardo todos los mandamientos." "Soy una persona limpia, moral." "Ni miento ni engaño, y soy fiel a mis promesas matrimoniales."

Están practicando la negación de sí mismos, pero no han negado nunca a su yo. De cierta manera, todos somos así. Experimentamos arrebatos de santidad, acompañados de sentimientos de pureza. Las buenas obras suelen producir buenos sentimientos. Pero Dios no nos permitirá que pensemos que nuestras buenas obras y hábitos puros pueden salvarnos. Por eso necesitamos una cruz.

Creo que Jesús de hecho nos está diciendo: "Antes de que tomen la cruz, estén listos para enfrentarse con un momento de verdad. Estén listos para experimentar una crisis con la que aprenderán a negarse a sí mismos, a su rectitud propia, a su suficiencia propia, a su autoridad propia. Podrán levantarse para seguirme como verdaderos discípulos sólo cuando sepan admitir libremente que no pueden hacer nada con sus propias fuerzas. No pueden derrotar el pecado por medio de su fuerza de voluntad. No pueden vencer las tentaciones con sólo sus esfuerzos. No pueden resolver los problemas con su propia inteligencia."

Jesús nunca nos impone una cruz

Jesús dijo: "Tome *su* cruz." Ni una sola vez dice nuestro Señor: "Agáchese para que le pueda poner una cruz sobre las espaldas." Jesús no se dedica a reclutar. Su ejército es todo de voluntarios. No todos los cristianos llevan cruces. Se puede ser creyente sin llevar una cruz, pero no se puede ser discípulo. Veo que muchos creyentes rechazan el camino de la cruz. Han optado por la buena vida, con su prosperidad, sus ventajas materiales, su popularidad y éxito. Estoy seguro de que muchos de ellos irán al cielo; habrán salvado el pellejo, pero no habrán aprendido de Cristo. Al rechazar el sufrimiento y el dolor de la cruz, no tendrán la capacidad de conocerlo y disfrutarlo en la eternidad, como será el caso de los santos que llevan la cruz y que han entrado a formar parte de la comunión de su sufrimiento. Los que sufren reinarán juntos.

No estoy glorificando el sufrimiento y el dolor; sólo los resultados que producen. Como Pablo, debiéramos ver las tribulaciones y heridas que experimentamos para regocijarnos en el conocimiento de que estamos caminando por el único sendero que conduce al triunfo final y a la madurez. Ya no miramos, pues, nuestras cargas y perturbaciones como accidentes o castigos, sino como cruces que se nos ofrecen para enseñarnos la sumisión a la forma que Dios tiene de hacer las cosas.

Si en estos momentos estamos sufriendo, estamos en el proceso de sanar. Si estamos aplastados, agobiados por el peso de una gran carga, ¡preparémonos! Dios está a punto de mostrarnos su fortaleza. Estamos cerca de la revelación. En cualquier instante ahora aparecerá nuestro Simón, porque Dios usa a su pueblo para cumplir su voluntad. Alguien será guiado por su Espíritu Santo para cruzarse en nuestro camino de sufrimiento, darnos la mano y ayudarnos a llevar la carga.

Nuestra cruz es una señal de su amor

Queridos amigos, no pensemos que nuestra prueba es porque Dios nos juzga. No nos condenemos a nosotros mismos, como si fuéramos los responsables de algún castigo severo por algún fallo. Dejemos de pensar: "Dios nos está haciendo pagar por nuestros pecados." ¿Por qué no podemos ver que estamos pasando por esa prueba como resultado de su amor? ¿Nos están disciplinando? ¿Sentimos como si nos estuvieran aplastando? ¿Sentimos dolor? ¿Estamos sufriendo? ¡Bien! Esto es prueba de su amor hacia nosotros. ¡Sometámonos! ¡Tomemos la cruz! Preparémonos para descender todavía más. Preparémonos para llegar a una crisis. Preparémonos para el momento de crisis. Preparémonos para dejarlo todo. ¡Preparémonos para tocar fondo!

Por favor, entendamos que estamos en la misma escuela de discipulado de Cristo. Alegrémonos de que vayamos a volvernos débiles a fin de experimentar en nosotros su fortaleza absoluta.

Él dejó caer la cruz; ¿por qué no nosotros? A él le llegó un Simón. A nosotros, nos llega un Salvador. Nos levantamos y seguimos adelante. Sigue siendo nuestra cruz, pero ahora está sobre la espalda de Él.

> Mejor son dos que uno; porque tienen mejor paga de su trabajo. Porque si cayeren, el uno levantará a su compañero; pero ¡ay del solo! que cuando cayere, no habrá segundo que lo levante.
>
> Eclesiastés 4: 9, 10

3

NO PODEMOS DEPENDER DE OTROS PARA SER FELICES

Hace poco un joven ministro, de rostro triste, y su esposa vinieron a mí en busca de consejo. Después de cuatro años difíciles de matrimonio y dos hijos, estaban pensando en divorciarse. La esposa era la mujer más triste que había visto en muchos años. Su marido, el joven ministro de jóvenes, se mantenía de pie muy cerca, mientras su esposa, con los ojos llenos de lágrimas, me iba confesando la situación.

"Nuestro matrimonio ya no tiene ninguna esperanza — exclamó —. Vivimos en dos mundos diferentes. Él está tan dedicado a su trabajo; no le queda ni un minuto para mí y los niños. Todo mi mundo ha estado girando en torno a él; pero ya me estoy cansando de quedarme en casa esperándolo. No estoy logrando nada por mí misma. Ni siquiera sé si lo sigo queriendo."

Me dolió ver a una pareja joven y atractiva actuando como si fueran extraños. De inmediato caí en la cuenta de su problema: Ambos estaban aburridos, inquietos e infelices el uno con el otro. Como muchísimas otras parejas, en cierto momento se encontraron ante un ministro para celebrar el matrimonio; entonces se miraron con amor a los ojos, con el corazón lleno de esperanza y expectación de que su matrimonio sería feliz y satisfactorio. Ahora, apenas unos años después, sus esperanzas yacían en cenizas. Se habían ido llenando de desilusión y, por mucho que lo procuraran, parecía que no podían reavivar la chispa de su primer amor. En esos momentos salen a la superficie los feos pensamientos del divorcio.

Miré a los ojos de la joven esposa y le dije: "Qué lástima que su felicidad dependa sólo de lo que haga su esposo. Si es un buen marido, si la trata como usted piensa que debe ser tratada, si le dedica algo de tiempo, entonces puede ser un poco feliz. Todo su mundo gira en torno a las acciones de su esposo. Por esto se siente vacía."

Asintió con la cabeza; luego se mantuvo con la cabeza hundida en los hombros mientras continué. "Señora, usted no es una persona completa. Sólo es media persona. No puede sobrevivir si depende de alguien más para ser feliz. La verdadera liberación de la mujer significa encontrar su propia felicidad en sí misma, por medio del poder de Dios. Debe llegar a ser su propia persona y dejar de depender de su marido, o de alguien más, para que la haga feliz."

La joven mujer sabía que tenía razón; había dado en el clavo. Prometió cambiar su forma de pensar y empezar a vivir su propia vida. Los dejé, convencido de que estaba decidida a abandonar el papel de incapacidad emocional para encontrar su propia fuente de felicidad por medio de una nueva relación con Dios.

La verdadera causa de los divorcios y de la ruptura de relaciones

Maridos y esposas se están volviendo lisiados emocionales que se apoyan los unos en los otros para luego caer juntos. Confundimos nuestras relaciones porque vivimos bajo la influencia de una mentira. Nos hemos convencido de que tenemos derecho a ser felices y que nuestros cónyuges están moralmente obligados a darnos esa felicidad. El peligro de esa mentira es que cuando no acertamos a encontrar la felicidad que esperamos de ellos, les achacamos toda la culpa por no lograr lo que pensamos era justo.

Hoy día, muchos maridos y esposas buscan el divorcio sencillamente por razón de que su matrimonio no los hace felices. Un marido de éstos que se había divorciado me dijo: "Dios bendiga a mi querida esposa; ella hizo todo lo posible. Le di a esta mujer tres de los mejores años de mi vida, con la esperanza de que aprendería a entenderme y a hacerme sentir como un hombre. Simplemente no tenía condiciones. No supo hacerme feliz."

Ese hombre probablemente se casará una o dos veces más, con la esperanza de que una nueva esposa tenga éxito en lo que la primera fracasó. Algunos siguen desfilando hacia el altar con una pareja después de otra, tratando desesperadamente de encontrar un alma afín y comprensiva que los haga felices. Pero rara vez lo consiguen. Su desdicha e infelicidad van creciendo con cada nueva pareja.

Ningún otro ser humano en la tierra puede hacer que seamos felices. Debemos conseguirlo nosotros mismos por medio de la obra de Dios en nuestra vida. El matrimonio no está hecho de dos mitades que tratan de llegar a ser un todo completo. Antes bien, el matrimonio consiste en dos personas completas que están unidas por el Espíritu de Dios. El matrimonio nunca funciona a no ser que cada una de las partes conserve su propia identidad, aclare sus propios valores, encuentre su propio sentido de realización y descubra su propia fuente de felicidad. Cada uno debe ser completo en sí mismo, por medio del Señor.

¿Por qué permitir que alguien más destruya nuestra vida? ¿Por qué permitir que las acciones de otro nos quiten la paz y el gozo? ¿Por qué no podemos ser nosotros mismos? ¿Por qué no podemos mirar directamente a la vida y decir: "En adelante, no permitiré que nadie me arrastre. Estoy decidido a ser una persona completa, y voy a descubrir mi propia fuente de felicidad. ¡Ya no me apoyaré en alguien más para que le dé sentido y propósito a mi vida! Deseo una felicidad que no se pierda sólo porque alguien me falle."

Dejemos de ser esclavos de lo que otros hacen

Le digo a todas las esposas que quieran escucharme: "Abandonen la esclavitud de vivir su vida sólo por medio de otros." Dios nunca quiso que encontraran la felicidad sólo por medio de sus esposos o hijos. No estoy sugiriendo que los abandonen, sino que abandonen su degradante sevidumbre a la idea de que su felicidad depende sólo de otras personas. Dios quiere que descubramos una vida de verdadera felicidad y satisfacción, basada sólo en lo que somos como personas y no en estados de ánimo y los caprichos de quienes nos rodean.

Las esposas que se aferran demasiado no resultan atractivas para los hombres inteligentes. Los maridos a la larga tratan mal a las esposas que se apoyan en ellos y transpiran una actitud que sugiere: "Tú eres todo mi mundo, y si alguna vez me fallas, me mataría." Las esposas que llegan a ser independientemente felices y a sentirse satisfechas en sí mismas y consigo mismas de repente se vuelven confusamente atractivas. La esposa verdaderamente atractiva es la que puede decir a su marido: "Te amo, y seré tu amiga, pero también soy una persona. Voy a actuar como una persona completa, y mi felicidad será lo que yo misma me procure por medio de mi relación con Dios."

Éste es también el mensaje que deben oír todos los jóvenes para poder sobrevivir a las presiones de relaciones rotas que son tan comunes hoy día. ¿Cómo puede un joven encontrar felicidad cuando sus padres se separan y sus hogares se desintegran? También ellos necesitan aprender a no depender de otros para ser felices.

Una joven de diecinueve años me confesó:

— Mi papá y mi mamá han estado enamorados por más de veintitrés años. Pienso que el matrimonio suyo es perfecto. Si alguna vez me diera cuenta de que han tenido problemas y que sólo estaban disimulando delante mío, creo que me moriría. De hecho, si mis papás llegaran a divorciarse, me entregaría a las drogas, al sexo, al alcohol, sólo para vengarme. Despilfarraría mi vida.

— Qué idea tan horrible — dije. — ¿No es una lástima que toda tu felicidad depende de lo que hagan tus papás? Toda tu vida la pasarás poniendo a otros en el lugar de tus padres. Siempre tendrás que tener un ídolo, alguien que te sirva de buen ejemplo. Nunca serás tú misma. Fallarás sólo porque alguien más te haya fallado. ¡Qué pena!

El joven de hoy debe aprender a encontrar sus propias fuentes de felicidad; ya no deben depender de que sus padres se la consigan. Gracias a Dios estoy conociendo a centenares de jóvenes que han encontrado su propio lugar de felicidad en el Señor. Un joven me dijo: "Amo a mis padres, pero no voy a permitir que su divorcio me afecte. Sigo mi relación con Dios. Tengo mi propia vida que vivir, y no voy a permitir que me arrastren con sus acciones."

Debemos darnos a las necesidades de otros. Debemos ayudar a sanar a los que amamos. Debemos ayudar a llevar las cargas de otros, pero todo esto lo podremos hacer sólo si nos sentimos felices con nosotros mismos. Podemos ayudar a otros a encontrarse a sí mismos sólo después de que nos hayamos encontrado nosotros mismos en el Señor.

Hay una forma adecuada de encontrar la felicidad

Personalmente no creo mucho en fórmulas y en directrices de cómo hacer algo. Pero en mi propia experiencia, he encontrado una forma sencilla de descubrir una verdadera felicidad que no depende de lo que otros hagan. Es una felicidad que no va y viene, y no se ve afectada por los estados de ánimo, las palabras o las acciones de personas con las que me relaciono, incluso de las que más amo.

¿Cuál es el secreto? *¡He descubierto que mis necesidades son espirituales, no físicas!* Nuestras necesidades humanas esenciales incluyen comida, agua, vivienda y el aire que respiramos. Aparte de esto, nuestras necesidades son espirituales. Y esas necesidades no las puede satisfacer ningún ser humano.

Toda la infelicidad es producto de tratar de satisfacer nuestras necesidades por medio de relaciones humanas. Cuando otro ser humano no acierta a satisfacer nuestras necesidades, nos sentimos frustrados e infelices. Por ejemplo, el marido llega a casa cansado del trabajo, irritable, y sintiendo la necesidad de que su esposa sea amable y comprensiva. Se siente deprimido, y quiere que su esposa lo haga sentir mejor. A su vez, la esposa tiene sus propias necesidades. Se siente mal, sola, y desea que él le levante el ánimo. Por esto se apoyan el uno en el otro. El mensaje implícito suena como: "Me siento mal, aliéntame. Estoy deprimido, hazme feliz. Me siento melancólico, quítame la melancolía. Tengo necesidad, satisface esa necesidad. Rodéame con tus brazos y quítame todo el sufrimiento con tu amor."

Claro que ninguno puede satisfacer las necesidades del otro, porque esas necesidades son espirituales, y sólo Dios puede satisfacerlas. Se puede pasar la noche en los brazos de alguien a quien se ama y, sin embargo, despertar llorando por dentro. Pronto se descubre que esas necesidades no se pueden satisfacer con sexo ni con palabras tiernas. Por esto algunos hombres le pagan a una prostituta cien dólares por noche, sólo para que los escuchen. Esperan que se les quite la melancolía. Nunca funciona, porque la noche siguiente están buscando a alguien más con quien compartir sus problemas.

Esperamos que nuestro cónyuge realice una labor como Dios. Esperamos milagros de ellas. Sólo sabemos que tenemos necesidades abrumadoras y que deben satisfacerse.

Algunas personas solitarias me han dicho: "Si Dios me diera a alguien a quien amar, sería una persona mucho mejor y un mejor cristiano. Sé que toda mi infelicidad es consecuencia de estar siempre tan solo. Necesito un amigo; sólo entonces seré verdaderamente feliz."

Contesto: "¡No es así!" Cualquier otra persona, hombre o mujer, le podrá brindar alivio temporal de la angustia de la soledad; pero, a no ser que seamos una persona completa, con nuestra propia fuente de fortaleza interna, volverán a abrumarnos los viejos sentimientos de desesperanza y soledad.

Hace unos años, mi esposa y yo aconsejamos a una joven que insistía en que era la persona más sola de todo el estado de Texas. Decía: "Si tan sólo consiguiera un esposo, me casara y formara un hogar, no volvería a estar nunca más sola." La ayudamos a orar por esto. Se casó con un agradable cristiano. Pero tres meses después de la boda, regresó llena de lágrimas, suspirando: "Sigo sintiéndome sola. Sigo vacía. Ahora sé que lo que necesitaba no era sólo un hombre. Todavía no he puesto orden en mi vida." Esa mujer nunca será una buena esposa hasta que aprenda a dejar de depender de otros para que satisfagan sus necesidades.

Una joven divorciada le pidió a mi esposa que orara para que su ex esposo volviera. Casi se volvía histérica, suspirando: "Deseo tanto que vuelva. Sé que eché a perder nuestro matrimonio; era tan tonta e inmadura. Pero ahora que ya no está, deseo que vuelva. Creo que he crecido. He madurado. Sé que esta vez puedo actuar bien, pero ha estado saliendo con otra mujer. Estoy tan desesperada que si Dios no me lo devuelve pronto, me voy a ir al bar más cercano para irme con el borracho más grande que hayan visto jamás."

Le dije que no íbamos a pedir el regreso de su esposo, porque no estaba preparada para ello. Iba a volver a echarlo a perder todo. ¿Por qué? Porque todavía no era una persona completa. Estaba lista a echar por la borda su moral si el ex esposo no regresaba para tratar una vez más de hacerla feliz. Esta es la razón de que muchas personas no obtengan respuesta a sus oraciones. No están preparadas para probar de nuevo. Cometerían los mismos errores otra vez. aunque se casaran con alguien diferente. Todavía dependen de otros; siempre utilizando a alguien como muleta para sostenerlos. No han llegado a ser personas completas, por sí solas.

Sólo Dios es la única fuente de toda felicidad y satisfacción

Pablo dijo: " . . . mi Dios, pues, suplirá todo lo que os falta conforme a sus riquezas en gloria en Cristo Jesús" (Filipenses 4:19). Ni el esposo ni la esposa, ni el pastor, ni el siquiatra ni el mejor amigo . . . sino Dios. Compartamos nuestros problemas con el amigo o pastor o consejero profesional. Pero, en último análisis, nos podrán ayudar sólo si nos llevan a que los enfrentemos nosotros mismos. Debemos hacerlo por nosotros mismo . . . llevar nuestras necesidades al Señor y permitirle que nos haga completos. A la larga, debemos descartar cualquier muleta para apoyarnos completamente en Jesús.

Cuando nuestra relación con el Señor anda mal, quedan afectadas todas las relaciones humanas. La mayor parte de las parejas cristianas casadas no tienen problemas en el matrimonio. Más bien tienen problemas con Dios, con la fe, con la oración; por tanto, tienen problemas entre sí.

Cuando las personas me confiesan que su matrimonio anda mal, no tengo que ahondar mucho para descubrir que no se encuentran donde deberían estar con el Señor. Están aburridos con las cosas de Dios, y por esto están aburridos con la vida y el matrimonio. Han perdido el contacto con Dios y, a su vez, han perdido contacto con su cónyuge. Estos esposos y esposas no sufren en realidad de falta de comunicación entre sí; sufren sobre todo de falta de comunicación con Dios. Cuando las personas dejan de hablar con Dios, dejan de hablarse entre sí. Y quienes dejan de hablar con Dios muy pronto comienzan a sentirse solas y deprimidas. De hecho se sienten solas sin Dios, anhelan tener comunión con él, ansían su amor y cercanía; pero en vez de reconocer estas necesidades como espirituales, se echan la culpa por no satisfacer a sus esposos o esposas.

Si la mayor parte de los cristianos fueran verdaderamente honestos, tendrían que admitir que no hay nada extremo en sus problemas matrimoniales. Lo que anda mal es su relación con el Señor. Su fe tiene problemas, y cuando las personas no están en buenos términos con Dios, se frustran y le echan la culpa a los que más aman. De hecho, están enojados con ellos mismos. Ese sentimiento de vaciedad, de inquietud, es hambre de Dios. Pero en lugar de regresar al lugar retirado para saciar esa sed, la mayoría de los cristianos se alejan más y caen todavía más en desesperanza.

No hay un cristiano en este mundo que, en lo más profundo del corazón, no esté consciente de que Dios lo ayudará. Sabemos que Dios puede sanar todas las heridas; sabemos que puede sanar cualquier matrimonio; sabemos que puede enjugar todas las lágrimas y traer gozo. Pero sencillamente no tomamos el tiempo ni hacemos el esfuerzo de acudir a Él en nuestra hora de necesidad.

Podemos ser felices. Podemos ser personas completas, y no necesitamos nunca más volver a depender de otro ser humano. Esto no quiere decir que no nos necesitemos unos a otros. Necesitamos la oración, la ayuda y el consuelo de amigos queridos y de la familia. Pero no puede conseguirse felicidad duradera si esperamos que otros nos la den.

¿Por qué no permitirle a Dios que renueve nuestro corazón, que ponga en nosotros un espíritu nuevo, y que nos revele que en su presencia hay plenitud de gozo y placeres inagotables? Por esto dijo Jesús: " . . . Tened ánimo . . . he aquí yo estoy con vosotros todos los días . . . " (Mateo 14:27; 28:20).

4

NO TE DES POR VENCIDO

Una cantidad cada vez mayor de ministros me han estado escribiendo para contarme de su preocupación por miembros de sus congregaciones que sencillamente lo están dejando todo. Un ministro escribió:

> Veo miembros de mi iglesia que se esfuerzan tanto en resolver problemas en su matrimonio y presiones en su vida personal. Y cuando parece que el triunfo está cerca, tropiezan y caen. A los cristianos buenos y honestos los abruma tanto el sentimiento de culpa y de condenación; hace que uno se desespere. Cuando no llegan a vivir de acuerdo con las expectativas que tienen, cuando caen en pecado deciden dejarlo todo. Muy pocos saben cómo salir de un colapso moral.

Estoy de acuerdo con la evaluación de estos ministros. Una cantidad cada vez mayor de cristianos *están* en una situación límite. Nada de lo que se dice acrca de dejarlo todo tiene que ver con el Señor. Pocos cristianos se atreverían ni siquiera a pensar en abandonar su amor por Jesús. La mayor parte de los cristianos que se desesperan piensan sólo en abandonar todo esfuerzo personal. Se oye tan a menudo: "No puedo seguir así. Nada consigo, por mucho que trate. No tiene remedio. ¿Para qué seguir tratando?"

Oigo a ministros que constantemente predican sólo un mensaje positivo. Tal como lo cuentan, todos los cristianos reciben milagros; todos reciben respuestas inmediatas a la oración; todos se sienten bien, viven bien, y el mundo entero es de color de rosa. Me gusta escuchar esta clase de predicación, porque realmente deseo todas esas cosas buenas y saludables para el pueblo de Dios. Pero las cosas no son así para una gran cantidad de cristianos honestos y sinceros. Es triste escuchar una teología tan superficial desde muchos púlpitos. Es una ofensa a un Jesús humilde que se hizo pobre, que murió como fracasado a los ojos del mundo. Es esta clase de predicación materialista que ha preparado tan mal a toda una generación de creyentes para que sepa soportar toda clase de dolor, contentarse con lo que tienen, ser humildes y no tener siempre abundancia. Servir a Dios se ha vuelto una especie de carrera olímpica, en la que todos deben luchar por las medallas de oro.

Con razón los jóvenes se rinden ante la derrota. No pueden estar a la altura de la imagen que la religión ha creado del cristiano feliz y dichoso, próspero, que piensa siempre en forma positiva. Su mundo no es tan ideal. Se miran a un espejo en el que se refleja un rostro cubierto de feos granos. Viven con angustias, crisis cotidianas y horribles problemas familiares. Sus amigos son adictos y se mueren. Tienen ante sí un futuro incierto, preocupante, alarmante. La soledad, el temor y la depresión los acechan a diario.

Pensar en forma positiva no hace que los problemas desaparezcan. Afirmar que los problemas en realidad no existen no cambia nada. Estos apóstoles de lo positivo no se atreven a excluir las experiencias de Getsemaní de la vida. La copa del dolor, la hora de soledad y la noche de confusión, todo esto formó parte del estilo de vida del Maestro. Nuestros mayores logros y nuestros éxitos deberían darse en Getsemaní, no en un palacio.

La senda polvorienta para muchos se ha convertido en senda de oro. La Biblia se ha convertido en un catálogo, con un número ilimitado de formularios de pedidos para que pida las cosas buenas de la vida todo el que desee convertirse en un santo. Todo lo que tenga que ver con dolor y sufrimiento al modo de Job se considera como vivir en forma negativa.

Dios es bueno, y los que dan con generosidad reciben bendiciones abundantes. Debiéramos pensar siempre en términos de bondad y honestidad; pero sobre algunas de las personas más santas, al igual que sucedió con el justo Job, han descendido el dolor, la pobreza y el sufrimiento.

¿Qué se le puede decir a la esposa cuyo hogar se está desmoronando, y se siente impotente para detenerlo? Sus amigos la han asesorado, su pastor la ha aconsejado, y ha recibido una y mil veces la misma exhortación: "Manténte de rodillas y cree que Dios hará el milagro." Así que ayuna y ora. Cede una y otra vez hasta casi suplicarle de rodillas a su esposo. Ejercita la fe con toda la comprensión intelectual que tiene. Pero, a pesar de todos sus honestos esfuerzos, el esposo se vuelve cada vez más duro y áspero, y sigue exigiendo el divorcio. No todos los matrimonios se sanan por medio de la oración y de las buenas intenciones. Para que el matrimonio funcione deben cooperar dos personas, y aunque la oración puede atraer el poder del Espíritu Santo para convencer al cónyuge descarriado, esa persona se puede resistir a todos los esfuerzos de Dios y hacer que la solución fracase.

Algunos de mis amigos quizá se pregunten por qué dedico tanto tiempo a hablar del matrimonio, del divorcio y del hogar. La razón es muy sencilla: en mis cruzadas hablo con tantos jóvenes que están al borde del suicidio, y una gran mayoría me dicen que su depresión nace de los problemas que tienen en el hogar. El papá y la mamá tienen problemas, o ya se han divorciado.

Multitud de maridos y esposas ya no luchan por su matrimonio. Un ministro amigo mío, cuyo divorcio acababa de firmarse, me dijo que se ha convertido en una especie de héroe a los ojos de algunos de sus amigos más íntimos. Un amigo lo llamó para preguntarle: "¿De dónde sacaste el valor para separarte? Vaya, nosotros también tenemos problemas, pero seguro que soy un cobarde. Ojalá pudiera dar ese paso."

Otro lo llamó para decirle: "Mi matrimonio es una farsa. Ya no nos comunicamos para nada. Ya no me importa. Pero, ¿cómo da uno el último paso del divorcio? Me aferro tanto a la seguridad y a mi trabajo; tengo miedo de perder demasiado."

Todavía otro llamó para contarle: "Admiro tu valor. Te saliste de una situación sin esperanza. Creo que yo seguiré existiendo, viviendo en la desdicha. No quiero que mis hijos se vuelvan contra mí; esto es lo único que me frena. Ya no me importa nada nuestro matrimonio."

Muchos de los que me leen, en este mismo momento, están a punto de dejarlo todo. No pueden entender qué está sucediéndoles, a su matrimonio, a su hogar. Algo falta, y, por mucho que tratan, sencillamente no pueden encontrar la llave para que las cosas funcionen bien. ¿Cuántas horas han pasado a solas, tratando de descubrir cómo ha llegado la situación a este punto? Ya no hay magia. Ya no hay vida romántica. Ya no hay comunicación. En vez de ello ahora hay discusiones, cuestionamientos, sospechas, insinuaciones, comentarios cáusticos.

Una mujer muy sufrida escribió:

> Señor, no puedo creer lo que me está sucediendo. Me sentía tan segura, sintiendo pena por esas personas que parecían tener tantos problemas. Nunca imaginé que nuestro matrimonio iba a desintegrarse. Yo era demasiado inteligente, demasiado dedicada a dar y compartir. Ahora soy víctima de esta maldición del divorcio. Es una experiencia destructora.

Un consejero matrimonial de éxito no hace mucho me invitó a almorzar y antes de que sirvieran el plato principal me confesó que su propio matrimonio había estado en peligro. "Ya no se puede seguir pensando que los matrimonios buenos están seguros — dijo —. He descubierto que tengo que esforzarme siempre en mantener lo bueno que poseo. Estoy convencido de que Satanás está decidido a romper mi matrimonio y el de todos los buenos cristianos. Es un ataque bien planeado contra los mejores matrimonios. Si Satanás puede conseguir que se disuelvan los matrimonios más fuertes, más admirados, los más débiles se verán ante la tentación de ya no luchar más, de dejarlo todo."

Las luchas secretas en la vida personal del cristiano son igualmente críticas. Las batallas internas del cristiano promedio de hoy son asombrosas en intensidad y proporción. Muchísimas personas están metidas en situaciones demasiado difíciles de entender. Como David, el salmista, confiesan: "Mis pecados me

han abrumado; son demasiado grandes para que los comprenda."

Pablo dijo: "Los que estamos en este tabernáculo gemimos
con angustia . . . " (2 Corintios 5:4). Dudo que ni siquiera pudiéramos contar la gran cantidad de cristianos que gimen en
secreto, debido a la carga que llevan.

Pablo habló acerca de la tribulación: " . . . tribulación que
nos sobrevino . . . fuimos abrumado sobremanera más allá de
nuestras fuerzas, de tal modo que aun perdimos la esperanza de
conservar la vida" (2 Corintios 1:8).

Si pudiéramos penetrar en la fachada de todo gran predicador y de toda personalidad admirada, encontraríamos momentos
de profunda depresión. Encontraríamos las mismas debilidades
que vemos en cualquier cristiano normal. Todos tenemos épocas
de desesperanza, acompañadas de sentimientos de fracaso. A
veces todos nosotros hemos pensado en tirar la toalla. A todos
nos han cruzado la mente pensamientos de dejarlo todo.

¿Por qué nos sentimos así?

¿Por qué a veces sentimos ganas de dejarlo todo? Las más de
las veces porque actuamos como si Dios hubiera abandonado la
tierra. No dudamos de su existencia y de su realidad, pero
nuestras oraciones parece que no reciben respuesta. Clamamos
por su ayuda, con tanta desesperación, y parece que no oye.
Seguimos luchando, cometiendo un error tras otro. Prometemos
hacerlo mejor; recurrimos a la Biblia; lloramos y oramos y nos
mantenemos ocupados ayudando a otros y haciendo el bien. Pero
tan a menudo nos quedamos con una sensación de vaciedad, de
insatisfacción. Las promesas de Dios nos obsesionan. Las exigimos con lo que creemos ser una fe honesta, de niños, pero una
y otra vez no recibimos lo que pedimos. En la hora de la
tentación, sucumbimos.

La duda surge, y Satanás susurra: "Nada funciona. La fe en
Dios no produce resultados. A pesar de tus lágrimas, oraciones
y confianza en la Palabra de Dios, nada en realidad cambia.
Pasan los días, las semanas e incluso los años, y tus oraciones,
esperanzas y sueños siguen sin recibir respuesta, insatisfechos.
¡Desiste! ¡Déjalo todo!"

Todos los cristianos en este planeta llegan a un momento de crisis en alguna fase u otra de su vida. Y en ese momento, cuando las paredes parece que se resquebrajan y el techo parece que se derrumba, cuando todo parece que se cae y que el pecado prevalece, una voz en lo más profundo exclama: "Aléjate de todo. ¡Ponle punto final! ¡Huye! ¿Por qué seguir aguantando? Vete. No tienes por qué soportar más. Haz algo drástico."

David, abrumado por la maldad en su corazón, exclamó:

¿Por qué duermes, Señor? Despierta, no te alejes para siempre. ¿Por qué escondes tu rostro, y te olvidas de nuestras aflicción, y de la opresión nuestra?

Salmo 44:23, 24

Cristianos, ¿les sorprende que grandes hombres de Dios se enfrentaran con las mismas batallas que ustedes y yo encontramos hoy? La Biblia dice:

Amados, no os sorprendáis del fuego de prueba que os ha sobrevenido, como si alguna cosa extraña os aconteciese, sino gozaos por cuanto sois participantes de los padecimientos de Cristo, para que también en la revelación de su gloria os gocéis con gran alegría.

1 Pedro 4:12, 13

Job era un hombre perfecto, a los ojos de Dios; pero también él pasó por un tiempo en que quiso dejarlo todo. La angustia de Job nació de un terrible dilema. Estaba convencido, en su corazón, de que Dios sabía dónde estaba y por lo que estaba pasando; con todo no podía entrar a la presencia de Dios. Se lamentaba:

He aquí, yo iré al oriente, y no le hallaré; y al occidente, y no lo percibiré; si muestra su poder al norte, yo no lo veré; al sur se esconderá, y no lo veré.

Job 23:8, 9

Job se decía a sí mismo: "Sé que Dios está en algún lugar, mirándome en medio de mis problemas. Conoce el camino que sigo; pero, a pesar de todo lo que me esfuerzo por encontrarlo, se sigue escondiendo de mí. Creo que Dios es real; está ahí; pero no lo puedo ver." En total desesperación, Job gime: " . . . tiemblo a causa de él . . . me ha turbado el Omnipotente" (Job 23:15, 16).

Job arguye que Dios no lo excluye, y sin embargo no elimina la oscuridad (*Véase* Job 23:17). En el fondo la situación de Job era senciallemente ésta: o me excluyes o arreglas las cosas; pero no sigas manteniéndote silencioso conmigo. Incluso si me excluyes, por lo menos sabré que estás ahí.

¿Cuál es la solución?

¿Cómo podemos aprender a mantenernos y a vivir día a día? Podemos empezar por olvidar todos los atajos y las curas mágicas. El cristiano no necesita expulsar un supuesto demonio de la desesperación, como si con ello la vida se fuera a volver más fácil. Ni tampoco Dios descenderá para vivir por nosotros. El tentador no será destruido hasta el día en que Dios lo encadene. Satanás siempre estará ahí, engañando, acusando, tratando de quitarle la fe a los creyentes.

Cuanto más tiempo vivo para Cristo, tanto más difícil me resulta aceptar soluciones fáciles, que todo lo curan. En mis propias luchas he hallado gran consuelo y ayuda en dos maravillosas verdades absolutas.

¡Dios realmente me ama! Esta es la primera verdad absoluta. Dios no se dedica a condenar a sus hijos, fallen o no. Nos cuida con ternura como Padre amoroso, y sólo desea sacarnos de nuestras debilidades.

En época reciente vislumbré ese amor, cuando me encontraba caminando por el bosque alrededor de nuestra casa. Ni una sola vez me detuve a contemplar los pájaros que revoloteaban, libres y saludables. Pero de repente, ahí en el suelo, un poco más adelante, batía las alas un pajarito lisiado. Esforzándose por volar, lo único que acertaba a hacer era batir las alitas contra el polvo. Me incliné para recogerlo. En ese momento me vino repentinamente a la mente un texto bíblico conocido: " . . . ni uno de ellos [pajarillos] cae a tierra sin vuestro Padre" (Mateo 10:29).

Dios está con nosotros, incluso cuando caemos. No caemos sin el Padre. Él no cae en nuestro pecado, pero sí desciende hasta nuestra condición caída. No nos abandona cuando caemos. Nunca abandona a un hijo lisiado. Porque, claro está, nosotros somos los pajarillos.

David dijo: "Velo, y soy como el pájaro solitario sobre el tejado" (Salmo 102:7). David vio desde el techo a Betsabé que se bañaba, y cayó, pajarillo destrozado, lisiado. Pero Dios no lo dio por perdido. Nuestro Señor nunca da por perdido a ninguno de nosotros.

¿Hemos caído también nosotros? ¿Nos dice algo ese pajarillo lisiado, batiendo las alas contra el polvo, sin esperanza? ¿Estamos heridos, sufrimos, nos sentimos perdidos y solitarios? ¿Alguna vez pensamos: "¿Como puede Dios tolerar a alguien como yo? ¿Cómo puede seguir amándome cuando le he fallado tanto?"

Oh, pero sí nos ama. Con frecuencia podemos reconocer su gran amor sólo cuando hemos tocado fondo y nos damos cuenta de que lo necesitamos tanto. Habremos logrado un gran triunfo si nos convencemos de que Dios nos ama incluso en nuestra condición herida, lisiada. Fue una herida la que me hizo arrodillarme para mostrar compasión al pajarillo impotente. Y son nuestras heridas, nuestros sufrimientos, nuestro desamparo que hacen que su amor y compasión nos abracen y envuelvan. Nuestra fortaleza se renueva con su amor eterno. Sólo reposemos en ese amor maravilloso. No sintamos pánico. Llegará la liberación. Dios nos responde mostrándonos su amor. Cuando hayamos aprendido cuán débiles somos y hayamos aprendido a confiar en su amor y perdón, se inclinará para ayudarnos gentilmente a volver al nido.

Es mi fe lo que más le agrada. La segunda verdad absoluta es ésta: " . . . sin fe es imposible agradar a Dios . . . " (Hebreos 11:6) " . . . Creyó Abraham a Dios, y le fue contado por justicia."

Dios desea tanto que confiemos en Él. Esa confianza la cuenta como justicia. Conozco a algunas personas santas, santificadas (por lo menos externamente) que andan por el camino angosto. Jamás admitirían sentir que fracasan o se desesperan. Se creen santos; pero su gran pecado es la duda. A veces pienso que algunos pecadores tienen más fe que muchos cristianos que se creen justos.

¿Qué hago cuando la tentación me avasalla como un torrente? ¿Qué hago cuando mis insuficiencias me abruman, y veo los reflejos de mis debilidades? ¿Lo dejo todo? ¿Desisto? ¡Nunca! Le presento a Dios lo que me queda: ¡Mi fe en Él! Quizá no entienda por qué parece que le toma tanto tiempo intervenir, pero sé que lo hará. Cumplirá su palabra.

Estoy convencido de que Satanás desea despojarme de una sola cosa, y es la fe. En realidad no quiere ni mi moralidad ni mis buenas acciones ni mis sueños. Desea destruir mi fe y hacerme creer que Dios ha abandonado esta tierra.

Una caída nunca es fatal para quienes mantienen intacta su fe. A pesar de las luchas constantes y de los sentimientos de desamparo, a veces, sigo creyendo en mi Señor. A pesar de la desesperanza y de las presiones que aturden mi mente y socavan mi energía, creo en Dios. Creo que me ayudará a no caer para presentarme sin falla ante el trono de gloria, con sumo gozo.

Me ama, y desea que siga confiando; por esto aceptaré ese amor y mantendré mi fe vigorosa. "Tú guardarás en completa paz a aquel cuyo pensamiento en ti persevera; porque en ti ha confiado" (Isaías 26:3).

5

¿ESTÁ PASANDO POR UNA FASE DE SEQUEDAD?

Predico a miles de personas; sin embargo, a veces me siento muy seco, muy alejado de la cálida presencia de Dios. En esos momentos de aridez, tengo pocos deseos de leer la Palabra; leo la Biblia más por un sentido de obligación. Cuando estoy seco y vacío, siento poca inclinación a orar. Sé que mi fe sigue intacta, y que mi amor por Jesús es fuerte. No hay en mí deseos de degustar las cosas de este mundo. Es sólo que no me parece poder tocar a Dios en esos días y semanas de sequedad espiritual.

¿Han estado alguna vez sentados en la iglesia, observando las bendiciones que reciben todos los demás, mientras ustedes no sienten nada? Claman; oran; adoran con profundos sentimientos. Pero el corazón de ustedes no se siente para nada conmovido. Comienzan a preguntarse si ocurre algo malo en su vida espiritual. Los cristianos en torno nuestro cuentan grandes cosas de cómo Dios los está bendiciendo y respondiendo a sus oraciones. Parecen vivir en la cúspide de experiencias felices, mientras que uno va caminando trabajosamente, amando a Jesús pero no prendiendo fuego al mundo. Algunas de nuestras oraciones todavía no han sido respondidas. No estamos clamando ni manifestándonos emocionalmente. No tenemos grandes cosas que contar acerca de algún milagro fabuloso del que hayamos sido testigos. Todo esto casi lo hace sentir a uno como un creyente de segunda categoría.

Creo que todos los creyentes pasan por períodos de sequedad en diferentes momentos de su vida cristiana. Incluso Jesús sintió el aislamiento cuando exclamó: "Padre, ¿por qué me has abandonado?"

Notas de mi diario durante un período de sequedad

Tomo nota de casi todos los pensamientos que me vienen a la mente durante mis devociones nocturnas. Recientemente, durante un período de sequedad, consigné mis sentimientos. Pienso que muchos cristianos se identificarán con estas anotaciones sinceras que incluí en mi diario.

Una palabra de advertencia antes de que lean esta confesión tan personal: Cuando hablo de pecado en mi vida, no traten de interpretarlo como alguna debilidad odiosa, abiertamente manifiesta. Para mí, todo lo que no es fe es pecado. Todos hemos pecado y quedado lejos de la gloria de Dios. A menudo caigo en el pecado craso de la duda. Por esto, por favor, no vean en mi confesión de pecado algo que no se quiso decir. Piensen en su propio pecado mientras leen.

Pregunto por qué Dios parece tan lejano a veces. ¿Estará enojado conmigo? ¿Se esconde de mí porque estoy fallando en algo? ¿Está Dios en cierto modo manteniéndose apartado de mí, obligado por lo que se dice en su Santa Palabra que exige que cierre los ojos hacia mí debido a mi obstinación?

¿Produce separación el pecado? ¿Está Dios realmente ahí, deseoso de aproximárseme con gozo y paz indescriptibles, pero incapaz de hacerlo debido a la barrera que he erigido como consecuencia de un pecado que me asedia? ¿Debe ocultárseme en contra de su voluntad porque es fiel a su Palabra? Se ocultó de Israel en tiempos de retrocesos. ¿Debe ocultarse de mí durante un tiempo, hasta que yo comprenda el horror de mis pecados y me aparte de ellos?

¿Se cansa acaso de mis constantes caídas, y debe mantenerme alejado por un tiempo porque me ama tanto? ¿Exige su amor omnipotente que me aísle de su presencia, hasta que ceda y me entregue, como niño sumiso, agotado de mi vaciedad y desesperanza?

¿O es toda esta sequedad consecuencia de mi propia ceguera? ¿Es sólo consecuencia de vivir de sentimientos? ¿Está Él ahí, todo el tiempo, a pesar de mis fallos, esperando que acepte su perdón? ¿Me siento aislado sólo porque tengo vergüenza y estoy lleno de sentimientos de culpa? ¿Lo mantengo alejado porque sé que soy indigno de sus bendiciones? ¿Me ha hecho el conocimiento de mis debilidades creer que no tengo derecho a esperar su cercanía y consuelo?

No soy morboso; no deseo la muerte. No son sólo nostalgias nocturnas. Nunca dudo de mi salvación eterna. De lo que sí dudo es de mi capacidad de entender cómo opera Dios. Siempre he sentido el poder de su gran amor. Incluso en mis horas más áridas, el sentimiento de su amor por mí es casi abrumador. No es suficiente saber que el Padre nos ama; no es suficiente creer todas sus promesas; no es suficiente andar en fe; no es suficiente saber que deseamos al Señor con todo nuestro ser. Hace falta más.

Debe haber cercanía con el Señor, la pequeña voz apacible y el gozo de oírla. Debe haber el conocimiento de que no sólo permanece, sino de que su Palabra está en nuestros labios. El corazón debe sentir su calor. El caudal de la presencia de Dios debe llenar la habitación. Las lágrimas que se han mantenido contenidas en nuestro interior deben fluir. El gozo de Jesús debe circular por todas las sendas de nuestra mente. El corazón debe saber que Él ha venido a guiar, consolar y ayudar en la hora de necesidad. No debe haber dudas, ni interrogantes de que Dios ha escogido venir para comunicarse con su siervo.

Sin la cercanía de Dios no puede haber paz. La sequedad sólo se puede frenar con el rocío de su gloria. La desesperanza sólo puede desaparecer con la seguridad de que Dios está respondiendo. El fuego del Espíritu Santo debe calentar la mente, el cuerpo y el alma.

Deseo la presencia total de Dios. Deseo sumergirme en su caudal de amor. Deseo el perdón completo de todos mis pecados, pero más que perdón, deseo liberación. ¿Qué es el perdón sin liberación? Sé que el Señor ha prometido perdonarme siete veces en un día. Sé que su amor y perdón son para todas las generaciones. Sé que si confieso mis pecados, Él es fiel y justo para perdonarme y purificarme. Pero no es suficiente recibir perdón y purificación de los pecados de ayer. Necesito liberación del poder del pecado que tan fácilmente me asedia, liberación de la servidumbre de todas las pasiones, liberación de las cadenas de toda iniquidad.

Sé que la Palabra de Dios promete liberación. Conozco los muchos pasajes bíblicos que hablan de andar en el Espíritu para evitar caer en los deseos de la carne. Conozco las advertencias de que hay que huir de todos los deseos. Me vienen a la mente otros textos bíblicos acerca de derrotar al mundo, pero hay veces en que me parece que no encuentro la clave. ¿Cómo operan estos versículos en una forma práctica en mi vida cotidiana? ¿Qué quiere decir andar en el Espíritu? ¿Quiere decir que nunca más caeremos? El niño sigue cayendo mientras aprende a caminar. Los adultos tropiezan y caen. ¿Podemos caer, incluso cuando andamos en el Espíritu, y luego levantarnos para volver a andar, haciéndonos más fuertes en el proceso?

Señor, ¡tienes que estar ahí! Si no estás ahí en mis épocas de sequedad, no hay esperanza. Debes estar ahí, llamándome, buscando mi voz, sintiendo ternura por mí como un padre se compadece de su hijo. Si no, la vida no tiene sentido.

No puede dejarme de lado cuando estoy sufriendo. Sí, mi carne es débil. Sí, le fallo una y otra vez. Sí, le he dicho mil veces al año que lo siento mucho. Sí, he prometido dejar el mundo y todo lo que me ofrece, pero, a veces, parece como que no puedo cumplir mi palabra. Sí, algunas veces incluso siento que soy el peor de los pecadores, un falso, un desvergonzado, un hijo indigno, traidor. Sí, siento que soy indigno de ni siquiera esperar que se me aproxime cuando me veo tan malo y desagradecido.

Pero a pesar de todo esto, por alguna razón sé que no está lejos. En cierto modo he oído una pequeña voz, clara, que me llama: "Ven, hijo mío. Sé por todo lo que estás pasando. Te sigo amando. Nunca te dejaré ni abandonaré. Nos enfrentaremos a esto juntos. Sigo siendo tu Padre, y tú eres mi hijo. Ven, no por tus méritos o bondad, sino por los méritos de tu Salvador, Jesús el Señor."

De algún modo sé que me sacará de esa fase de sequedad. Tengo en mí una brasa que no será sofocada. Me parece saber que se cumplirán las promesas. A su tiempo, a su manera, convertirá mi sequedad en un río de amor. Su Palabra me llegará. Recibiré una nueva revelación de su voluntad, un espíritu renovado, y una mayor paz mental, todo porque nunca antes me ha fallado.

¡Oh, Señor! Tengo pies de barro. Mi mente posee una fe vigorosa. Mi corazón se derrite por ti. Mis lágrimas arden de deseos del contacto del Señor, pero mis pies me siguen desviando. No estoy andando en el Espíritu, como de veras me gustaría. ¿Dónde está ese triunfo cotidiano? ¿Dónde está el poder de mantenerme santo y puro?

Señor, escudriño la Escritura, esperando encontrar una fórmula, una manera de salir de la esclavitud del pecado. Si esto significa permanecer de rodillas toda la noche, lo haré. ¿Significa leer la Biblia del principio al fin, hasta que encuentre un claro mensaje de liberación? ¡Entonces la leeré! La mayor parte de las frases hechas y de las soluciones fáciles que ofrecen algunos predicadores no funcionan, aunque suenen muy piadosas.

En algún lugar ha de haber triunfo sobre todo el poder del enemigo. En algún lugar puedo dejar de lado el peso, la carga, el acoso. Dios promete liberación total, triunfo total sobre el poder del enemigo. Algún día mi pie ya no quedará sujeto en la trampa de Satanás. Algún día me miraré al corazón y veré sólo a Cristo, sólo santidad, sólo las cosas que agradan a Dios.

Algún día Dios debe guiar a todos sus hijos a un lugar de liberación del poder del pecado. La Palabra de Dios es tan amplia; sé tan poco de cómo encontrar en ella las respuestas a mis necesidades personales. La única esperanza es el Espíritu Santo, que en forma sobrenatural me guiará a la verdad que me hará libre. No lo puedo encontrar por mí mismo. No lo puedo conseguir de libros ni de consejeros. No puedo entender nada de ello a no ser que el Espíritu Santo me lo revele. Deseo saber lo que Dios espera de mí; ¡deseo saber qué me corresponde a mí hacer, y cuánto hará Él!

¡Oh, Señor! Purifica mis deseos. Hazme desear las cosas que sabes que me convienen más. Si me dieras todo lo que deseo, sería una algarabía de confusión, sin ningún orden ni armonía. Todos mis deseos humanos son ciegos. Suelen no tener relación con mis verdaderas necesidades y a menudo van en contra de las leyes morales de Dios.

Es tan fácil desear lo que me produciría más daño, me llevaría a la peor infelicidad, y me causaría la clase más trágica de confusión. Pienso que mis deseos son bien pensados, inteligentes y necesarios para mi bienestar.

El pecado hace que mis deseos se aparten de la ley moral de Dios. Acaban siendo espuma de mis apetitos internos. El hambre del alma, las aspiraciones, los apetitos sensuales y las pasiones emanan toda clase de desórdenes. Son fantasmas sin visión.

¿De dónde nacen mis deseos? No proceden de la razón ni del sentido común, sino que son instigados, por el contrario, por crudos anhelos de la naturaleza vieja. Brotan de la mente como ejércitos salvajes, confusos, ciegos y en total desorden. Pululan como abejas, veloces y salvajes.

A medida que pasa el tiempo, descubro cuán vanos y necios fueron mis deseos. Quería emprender un nuevo proyecto, y antes de que lo pudiera comenzar se desbarató. Luego, me di cuenta de que mi desengaño fue una bendición disfrazada. Si Dios no hubiera interferido para alejarme de mis deseos, me hubiera destruido a mí mismo.

Mis deseos con frecuencia pueden ser moralmente malos. Pueden corromperse por la codicia. Hay toda una clase de deseos latentes que salen a flote empujados por la naturaleza pecaminosa heredada de Adán, y que vienen a la mente para mezclarse con nuestros pensamientos más profundos y santos. Estos malos deseos buscan identificarse con nuestros mejores pensamientos, tratando de hacer que la mente los acepte como pensamientos de Dios.

Muy a menudo mis deseos personales dominan tanto, están tan hondamente arraigados, que me invaden la mente en lo más secreto. Se vuelven tan poderosos y persistentes, les permito que me engañen hasta aceptarlos como la pequeña voz sosegada de Dios en lo más íntimo. ¡Que Dios nos guarde del engaño de nuestros propios deseos inmorales!

¿Qué debo hacer para superar la aridez espiritual?

Debo mantener una vida de oración. ¿Por qué será que ninguno de nosotros ya no ora como se debiera? Sabemos que

Dios desea consolarnos y ayudarnos. Sabemos que nuestra carga puede aliviarse cuando estamos a solas con Él. Hay algo en lo más profundo de nuestro ser que sigue invitándonos a orar. Es la voz del Espíritu Santo que dice: "¡Ven!" Ven al agua que sacia la sed del alma. Ven al Padre, que se compadece de sus hijos. Ven al Señor de la vida, quien promete perdonar todos los pecados que cometamos. Ven a Aquel que se niega a condenarnos o a abandonarnos o a esconderse de nosotros.

Dios no se oculta de nosotros cuando pecamos. ¡Nunca! Es sólo que nuestro temor condena nuestro corazón. Dios no se ocultó en el jardín cuando Adán y Eva pecaron. Sigue llegando a ellos, llamándolos y ansiando su comunión y amor. Somos nosotros quienes nos escondemos debido a nuestra culpa y condenación. No podemos concebir que Dios siga amándonos cuando somos tan desobedientes y desagradecidos.

Acudamos con valentía al trono de su gracia, incluso cuando hayamos pecado y fallado. Perdona al instante a quienes se arrepienten con pesar religioso. No hay que dedicar hoas y días viviendo en remordimiento y culpa. No tenemos que ganarnos el regreso a la amistad con Él. No tenemos que pretender una clase superficial de pesar ni fingir lágrimas. Acudamos al Padre, hinquemos las rodillas, abramos el corazón, y lloremos nuestra angustia y dolor. Contémosle todos nuestros fallos, todas nuestras luchas. Hablémosle de nuestra soledad, de nuestros sentimientos de aislamiento, de nuestros temores y fracasos.

Lo intentamos todo menos orar. Leemos libros en busca de fórmulas y directrices. Vamos donde amigos, ministros y consejeros, buscando una palabra de consuelo o consejo. Buscamos mediadores y nos olvidamos del único Mediador que tiene respuesta para todo.

No oramos, porque es difícil hacerlo . . . la mayor parte del tiempo. No es difícil cuando nos llegan problemas inesperados, o cuando se descubre el cáncer o cuando un ser amado muere repentinamente de un ataque al corazón. En esos momentos nos sentimos tan quebrantados en espíritu que clamamos y oramos. Está muy bien, pero debiéramos apoyarnos en Jesús en lo bueno y en lo malo. Debiéramos conseguir nuestra fortaleza y ayuda mucho antes de que la crisis nos abrume. Debiéramos abrirle nuestro corazón todos los días de la vida.

No sorprende que nos sintamos tan secos y vacíos. Sencillamente hemos olvidado el lugar secreto de la oración. No es realmente sequedad; es tibieza. Es una frialdad creciente, producida por ir a la deriva, por alejarse del lugar santo.

Nada remedia la sequedad y vacuidad con mayor rapidez que una hora o dos a solas con Dios. Posponer esa cita con Dios en su lugar secreto genera sentimientos de culpa. Sabemos que nuestro amor por Él debiera conducirnos a su presencia, pero nos mantenemos ocupados en tantas otras cosas que el tiempo se nos va de las manos, y Dios queda por fuera. Le hacemos llegar toda una gama de "oraciones de ideas". Pero nada puede reemplazar ese lugar secreto con la puerta cerrada, orando al Padre en ese retiro. Esta es la solución para todas las fases de sequedad.

No debo seguir teniendo miedo de un poco de sufrimiento. A la resurrección de Cristo la precedió un breve período de sufrimiento.¡Sí morimos! ¡Sí sufrimos! ¡Hay dolor y pena!

No queremos sufrir ni enfrentarnos con resistencias ni ser heridos. Deseamos una liberación indolora. Deseamos la intervención sobrenatural. "Hazlo, Señor — oramos —, porque soy débil y siempre lo seré. Hazlo mientras voy caminando, a la espera de un liberación sobrenatural." ¡O le echamos la culpa de nuestros problemas a los demonios! Buscamos a un hombre de Dios con la esperanza de que pueda arrojar al demonio, de manera que podamos seguir adelante sin dolor ni sufrimiento. ¡Todo listo! Transitemos sin resistencias por una vida tranquila de triunfos. Deseamos que alguien nos imponga las manos para eliminar toda la aridez. Pero el triunfo no se consigue siempre sin sufrimiento y dolor. Miremos nuestro pecado. Enfrentémonos a él. Sufrámoslo, como lo hizo Jesús. Completemos su sufrimiento. Introduzcámonos en él. El sufrimiento dura sólo una noche, pero al amanecer llega el gozo.

Dios nos plantea un elección. Su amor requiere que elijamos. Si Dios en forma sobrenatural nos sacara de todas las batallas, sin dolor ni sufrimiento, malograría todas las pruebas y tentaciones; no habría elección libre ni pruebas como de fuego. Dios estaría imponiendo su voluntad sobre el género humano. Escoge salir a nuestro encuentro en medio de nuestra sequedad para mostrarnos cómo esto puede abrir la senda hacia una nueva vida de fe.

A menudo se sufre sequedad e incluso dolor por la voluntad de Dios: "De modo que los que padecen según la voluntad de Dios, encomienden sus almas al fiel Creador, y hagan el bien" (1 Pedro 4:19).

¡Gracias a Dios, el sufrimiento siempre es por un período breve antes del triunfo final! "Mas el Dios de toda gracia, que nos llamó a su gloria eterna en Jesucristo, después que hayáis padecido un poco de tiempo, él mismo os perfeccione, afirme, fortalezca y establezca" (1 Pedro 5:10).

6

TRIUNFO SOBRE EL PECADO QUE ACOSA

El pecado hace que los cristianos se vuelvan cobardes con una vida de humillante derrota. No pueden enfrentarse, con valor, al pecado, debido al pecado secreto que hay en su vida. Justifican los pecados de los demás, debido a la desobediencia que hay en su propio corazón; y no pueden predicar victoria, porque viven derrotados. Algunos de ellos en otro tiempo supieron qué era vivir en forma victoriosa, vengándose del pecado, cumpliendo la justicia de Cristo en su vida. Experimentaron el poder, el valor y las bendiciones que descienden sobre quienes son obedientes al Señor. Hoy se les cae la cara de vergüenza, incapaces de mirar al mundo a los ojos, víctimas de un pecado que gobierna su vida. Un pecado que acosa les ha privado de la vitalidad espiritual, y un enemigo tras otro se yergue contra él.

Un evangelista que en el pasado fue usado en forma poderosa ahora vende autos en una pequeña ciudad de Texas. Predicó con poder el Evangelio, y miles de personas se convirtieron por medio de su ministerio. Cayó en adulterio, abandonó a su esposa y se fue con su amiga. En unas pocas semanas lo perdió todo. Ese ministro ahora no es sino una sombra de lo que fue. Verlo ir de un lado a otro, abatido y con mirada triste, resulta lamentable. Vive en constante temor y pasa noches interminables pensando en lo que hubiera podido ser. Las ansiedades que experimenta lo han enfermado físicamente; tiene dolores de pecho, úlceras e hipertensión. Se ha arrepentido de su pecado, pero no puede deshacer el pasado. Dios perdona, ¡pero la gente no!

Un joven de dieciséis años me confesó: "Tengo intimidad física con mi novia. He leído en la Biblia lo que dice de la fornicación y adulterio, y ahora tengo miedo. Me preocupa que Dios me tendrá que juzgar, si lo que dice la Biblia es verdad. Sigo haciéndolo, y estoy lleno de temor, culpabilidad y preocupación. Parece como si hubiera dos personas dentro de mí, una buena y otra mala. Tengo miedo de que la persona mala en mí domine a la buena, y que Dios vaya a cansarse de mí. ¿Qué puedo hacer para asegurarme de que la persona buena que hay en mí triunfe?"

Tanto el ministro como el joven se han visto arrollados por sus enemigos: la culpa, el temor y la depresión. Son víctimas, derrotadas y humilladas por enemigos invisibles que amenazan destruirlos. El pecado siempre incorpora a los enemigos. El pecado debilita toda resistencia; convierte al guerrero en debilucho. La codicia engendra el pecado; y el pecado introduce al enemigo que destruye.

Debemos aprender de los ejemplos del Antiguo Testamento

David tuvo enemigos. Fueron los filisteos, los amoritas, los amonitas, los sirios, y otros varios, movilizados contra Israel. Cuando David estaba bien con el Señor y tenía una buena relación con Él, ninguno de sus enemigos se le resistía. Mató a decenas de miles, y su nombre era temido en todos los campamentos enemigos. Pero cuando David pecó y se apartó del Señor, sus enemigos se envalentonaron y triunfaron. El pecado le hizo perder el valor y la confianza y lo debilitó ante sus enemigos.

El pecado de adulterio de David se produjo inmediatamente después de una de sus mayores victorias. La guerra sirio-amonita fue una de la batallas mayores de Israel. David reunió a todo Israel, atravesó con ellos el Jordán, y se enfrentó al enemigo en Helam. Los sirios salieron huyendo; David destruyó setecientos carros y mató a cuarenta mil hombres de a caballo, y todos los reyes aliados con los amonitas y los sirios salieron huyendo. El capítulo sobre esta gran batalla concluye diciendo: " . . . hicieron paz con Israel y le sirvieron . . . " (2 Samuel 10:19).

Este gran hombre de Dios, complacido con la gloria de su victoria más importante, comenzó a desear a Betsabé, mandó matar a su esposo Urías, y cometió adulterio con ella: " . . . Mas esto que David había hecho, fue desagradable ante los ojos de Jehová" (2 Samuel 11:27).

Entonces el Señor envió al profeta Natán a David. El profeta no fue a él con un mensaje de amor y comprensión. No fue a aconsejar a David acerca de cómo manejar su culpa y condenación. No le ofreció al rey un bálsamo para su atormentada conciencia. Antes bien, Natán fue directamente al meollo del problema. "Tú eres aquel hombre. Has menospreciado el mandamiento del Señor. Has actuado mal a los ojos del Señor. Eres culpable de un pecado secreto" (*Véase* 2 Samuel 12:7-9).

El pecado trae consigo su propio juicio

A alguien según su propio corazón, Dios tuvo que decir: " . . . He aquí yo haré levantar el mal sobre ti de tu misma casa . . . " (2 Samuel 12:11). Poco después, su querido hijo Absalón se levantó contra él, y David tuvo que salir huyendo al desierto. ¡Qué escena tan penosa!

> David subió la cuesta de los Olivos; y la subió llorando, llevando la cabeza cubierta y los pies descalzos. También todo el pueblo que tenía consigo cubrió cada uno su cabeza, e iban llorando mientras subían.
> 2 Samuel 15:30

¿Es este hombre lloroso, descalzo y quebrantado, el mismo gran rey que, pocos meses antes, había derrotado a dos potencias mundiales? ¿Quién lo convirtió en un hombre débil, impotente, cobarde, que salió huyendo ante el enemigo? ¡Fue el pecado; nada más! Como Sansón, David quedó despojado de su valor y poder porque sucumbió ante la debilidad de la carne.

También Salomón era temido de todos sus enemigos. Los ejércitos del Faraón se mantenían a distancia ante su reputación de poder. Los edomitas no se atrevían a atacar a un rey tan poderoso. Su reino era espléndido y su fama no tenía igual. En todo lo que hacía era bendecido, prosperado y honrado. Pero Salomón pecó contra el Señor y permitió que se enfriara su amor por Dios. Perdió contacto con el cielo. Y veamos qué sucedió. Dios le dijo: "Porque no has cumplido mi pacto y mis mandatos y te has vuelto a otros dioses, te quitaré el reino" (*Véase* 1 Reyes 11:9-11).

De repente los enemigos de Salomón descendieron sobre él. "Y Jehová suscitó un adversario a Salomón: Hadad edomita . . . " (1 Reyes 11:14). No sólo un enemigo, sino dos: "Dios también levantó por adversario contra Salomón a Rezón . . . porque aborreció a Israel . . . " (1 Reyes 11:23, 25).

El pecado y las concesiones debilitaron tanto a este poderoso rey que incluso su siervo se convirtió en enemigo. "También Jeroboam . . . siervo de Salomón . . . alzó su mano contra el rey" (1 Reyes 11:26).

Ni uno solo de los enemigos de Israel podían resistírsele cuando esa nación hacía lo que era justo a los ojos de Dios. Los enemigos de Israel huían atemorizados ante la sola mención de su nombre. Los corazones del enemigo se derretían como cera cuando los ejércitos victoriosos de Israel iban a la guerra, con los estandartes ondeando. Pero cuando Israel pecó, incluso sus enemigos más débiles prevalecieron contra ella. Acán cometió un pecado odioso, y el minúsculo ejército de Ai hizo salir huyendo a Israel, humillado y derrotado.

Escuchemos la oración de Salomón en la dedicación del templo, y de inmediato descubrimos que todo Israel estaba muy consciente de lo que hacía que la nación fuera victoriosa y de lo que la llevaba a la derrota:

> Si tu pueblo Israel fuere derrotado delante de sus enemigos por haber pecado contra ti . . . Si pecaren contra ti (porque no hay hombre que no peque), y estuvieres airado contra ellos, y los entregares delante del enemigo . . .
>
> 1 Reyes 8:33, 46

Todo lo que el pueblo de Israel tenía que hacer para conservar las copiosas bendiciones del Señor era cumplir diligentemente los mandamientos del Señor, amar al Señor, y servirlo con todo su corazón y toda su alma. Dios prometió bendiciones que nadie podía imaginar. Dios les prometió:

Nadie se sostendrá delante de vosotros; miedo y temor de vosotros pondrá Jehová vuestro Dios sobre toda la tierra que pisareis . . .

Deuteronomio 11:25

Se le dijo a Israel: "He aquí yo pongo hoy delante de vosotros la bendición y la maldición; la bendición, si oyereis los mandamientos de Jehová . . . y la maldición, si . . . os apartareis del camino . . . " (Deuteronomio 11:26-28).

¿Está la generación actual atrayendo sobre sí una maldición?

Una manifestación tan clara de la acción de Dios no debe pasarnos desapercibida hoy. ¿Es ésta la razón de por qué sucumbimos, como víctimas, ante nuestros enemigos modernos? No luchamos contra enemigos de carne y sangre; ¡nuestros enemigos son más poderosos! Nuestros enemigos son el temor, la depresión, el sentimiento de culpa y de condenación, la preocupación, la ansiedad, la soledad, el vacío, la desesperanza.

¿Ha cambiado Dios su manera de ser, o sigue todavía enviando adversarios contra una generación pecadora, que hace tantas concesiones? ¿Podría ser que estos enemigos actuales están avasallando al pueblo de Dios debido a sus pecados ocultos y reincidentes?

Dios no puso sobre su pueblo un yugo pesado. Fue sencillo y fácil: obedeced y seréis bendecidos, o desobedeced y sufriréis. En el Nuevo Testamento resuena el mismo mensaje: "Porque el ocuparse de la carne es muerte, pero el ocuparse del Espíritu es vida y paz" (Romanos 8:6).

Ya hemos recibido suficientes enseñanzas acerca de cómo hacer frente a los problemas y temores. Ya hemos recibido suficiente enseñanza acerca de cómo hacer frente al pecado en nuestra vida. No se puede curar el cáncer poniéndole parches. Tiene que extirparse. Seguiremos siendo personas propensas a la neurosis mientras sigamos justificando el pecado que hay en nosotros. No sorprende que estemos tan deprimidos, preocupados y agobiados con el sentido de culpa y de condenación; seguimos viviendo en desobediencia y concesiones.

La mayor parte de nosotros estamos plenamente conscientes de que el pecado está en la raíz de todos nuestros problemas. Sabemos que el pecado genera temor, sentido de culpa y depresión. Sabemos que nos quita el valor y la vitalidad espirituales. Pero lo que no sabemos es cómo derrotar el pecado que tan fácilmente nos acosa.

Casi todos los libros que he leído acerca de lograr la justicia de Cristo y de vivir una vida santa nunca me dicen cómo vencer el pecado y mantener ese triunfo. Lo que siempre escuchamos que nos predican es: "El pecado es el enemigo. Dios odia el pecado. Andemos en el Espíritu. Salgamos de los caminos del mal. Rechacemos ese pecado en el que seguimos cayendo. No nos atemos con las cadenas de nuestra propia iniquidad." Todo está muy bien. Sin embargo, . . .

No podemos simplemente apartarnos del pecado que nos acosa

¿Cómo superamos un pecado que se ha vuelto habitual? ¿Dónde se encuentra la victoria sobre un pecado que nos acosa que casi se ha convertido en parte de nuestra vida? Podemos odiar ese pecado; podemos seguir prometiendo que no lo volveremos a hacer; podemos clamar y llorar a causa de él; podemos vivir con remordimiento por lo que nos causa; pero ¿cómo nos apartamos de él? ¿Cómo llegamos al punto en que ese pecado ya no nos esclavice?

Recientemente hice la siguiente pregunta a trescientas personas en busca de soluciones: "¿Cuántos de ustedes están luchando una batalla perdida contra un pecado que los acosa? ¿Cuántos tienen un pecado secreto que los está arrastrando?" Me sorprendió la reacción inmediata. Casi todos ellos admitieron que eran víctimas, y que buscaban desesperadamente poder liberarse de pecados que los ataban.

Dondequiera que voy, oigo a personas que admiten que están sufriendo derrotas y fracasos en este asunto de la victoria sobre un pecado que acosa. La mayor parte son cristianos serios que aman profundamente al Señor. No son personas malas ni ruines; es sólo que tienen que admitir: "Tengo *cierto* problema que me impide ser totalmente libre."

Las confesiones son sinceras y desgarradoras:

- No le puedo contar a nadie cuál es mi lucha secreta; es algo entre el Señor y yo. He orado pidiendo liberación por más de tres años. He hecho miles de promesas de dejarlo. He vivido atormentado. El temor de Dios me asedia. Sé que no está bien. Pero, por mucho que trate, sigo haciéndolo. A veces pienso que estoy esclavizado para siempre. ¿Por qué el Señor no viene a quitármelo?

- ¡Me dice que abandone mi pecado! Lo he hecho centenares de veces. Pero mi pecado no me abandona a mí. Precisamente cuando pienso que ya he triunfado — ZAS — vuelve. He derramado ríos de lágrimas por ser pecador, y estoy cansado de prometerle a Dios que nunca más lo volveré a hacer. Todo lo que quiero es ser libre, pero no sé cómo. Sé que nunca seré lo que Dios quiere que sea hasta que consiga el triunfo.

- He predicado a otros por más de quince años, pero recientemente he caído en la trampa de Satanás. He quedado lisiado espiritualmente, y, por mucho que odio ese pecado mío que me acosa, parece como si no pudiera librarme de esa esclavitud. Ninguna de las fórmulas y soluciones que prediqué a otros parecen funcionar en mi caso. Francamente, me pregunto por cuánto tiempo me tendrá paciencia Dios antes de que todo se sepa.

¿Es posible el triunfo sobre todos nuestros pecados habituales?

No tengo fórmulas ni soluciones simples. Sé que en la Biblia hay mucho consuelo para quienes pelean batallas entre la carne y el espíritu. Pablo peleó las mismas clases de batallas, contra las mismas clases de enemigos. Confesó: "Porque no hago el bien que quiero, sino el mal que no quiero, eso hago" (Romanos 7:19).

Pablo clamó, como lo hace todo el género humano: "¡Miserable de mí! ¿quién me librará de este cuerpo de muerte?" (Romanos 7:24). Sigue diciendo: "Gracias doy a Dios, por Jesucristo nuestro Señor . . . " (Romanos 7:25).

Sí, lo sabemos. El triunfo sobre todos nuestros enemigos es por medio de Jesucristo el Señor. Pero, ¿cómo conseguimos transferir el poder que emana de su cepa a nuestros pequeños y débiles sarmientos? ¿Cómo funciona esto? Amo a Jesús; siempre lo he amado. Sé que tiene todo el poder. Sé que me promete victoria, pero ¿qué significa esto? ¿Cómo llega la victoria? No basta con ser perdonado. Debo ser liberado de volver de nuevo a mi pecado.

Estoy apenas comenzando a vislumbrar algo de luz en cuanto a este gran misterio de la piedad. Dios me pide que haga las tres cosas siguientes en mi búsqueda de un triunfo total sobre todos los pecados que me acosan:

1. Debo aprender a tener hambre de la santidad y a odiar el pecado que me acosa. En todos los momentos de mi vida debo recordar que Dios odia mi pecado, sobre todo por el daño que me hace. Dios lo odia porque me debilita y me vuelve cobarde; entonces no puedo ser un vaso de honor para realizar su obra en la tierra. Si excuso mi pecado como debilidad, si me convenzo de que soy una excepción y de que Dios hará lo imposible por satisfacer mis necesidades, si me quito de la cabeza todos los pensamientos acerca de la retribución divina, entonces estoy en camino de aceptar mi pecado y de abrirme a una mente malvada. Dios quiere que repudie mi pecado, que lo odie con todo mi ser. ¡No puede haber victoria ni liberación de pecado hasta que no esté convencido de que Dios no lo permitirá!

El conocimiento de la retribución de Dios contra el pecado es la base de toda libertad. Dios no puede ni ver el pecado; no puede condonarlo. No puede hacer ni una sola excepción. ¡Estemos claros! ¡Está mal! No esperemos que se nos excuse ni que se nos otorguen privilegios especiales. Dios debe actuar en contra de todo pecado que amenaza destruir a uno de sus hijos. Está mal, ¡y nada de lo que hagamos lo cambiará! El pecado contamina el manantial puro de la santidad que fluye por mí. Debe ser confesado y abandonado. Debo estar convencido de esto.

2. Debo estar convencido de que Dios me ama a pesar de mi pecado. Dios odia mi pecado con odio perfecto, aunque al mismo tiempo, me ama a mí con una compasión infinita. Su amor nunca jamás hará concesiones al pecado, pero sigue aferrado a su hijo pecador con un propósito: recuperarlo.

Su furia contra el pecado se compensa con su gran compasión por mí como hijo suyo. En cuanto me ve odiar el pecado como él lo odia, su compasión prevalece sobre la furia contra el pecado. Mi motivo nunca ha de ser el temor de la furia de Dios contra mi pecado, sino la disposición de aceptar su amor que trata de salvarme. Si su amor por mí no me puede salvar, nunca lo hará su furia. Debiera ser algo más que mi pecado lo que me avergüence y humille; debiera ser el conocimiento de que Él sigue amándome a pesar de todo lo que he hecho para agraviarlo.

¡Pensemos en ello! ¡Dios tiene compasión de mí! Conoce el tormento de mis batallas. Nunca está lejos; está siempre ahí conmigo, reafirmando que nada puede nunca separarme de su amor. Sabe que mi batalla es suficiente carga, sin necesidad de que me obligue a cargar con el temor adicional de su furia y juicio. Sé que su amor por mí hará que detenga su látigo mientras siga batallando. Dios nunca me hará daño, me golpeará ni me abandonará mientras esté tratando de odiar mi pecado y esté buscando ayuda y liberación. Mientras nado contra la marea, Él está siempre en la orilla, listo a arrojarme un salvavidas.

3. Debo aceptar la ayuda amorosa de mi Padre para resistir y triunfar. El pecado es como un pulpo con muchos tentáculos que tratan de estrangular mi vida. Rara vez todos los tentáculos a la vez sueltan su garra alrededor mío. Es un tentáculo a la vez. En esta guerra contra el pecado, se trata de un triunfo que se consigue con la muerte de un soldado por vez. Es muy raro que caiga muerto todo el ejército en un sola explosión. Es un combate mano a mano. Es una pequeña victoria a la vez. Pero Dios no me envía a pelear sin un plan de batalla. Él es mi Comandante; pelearé — centímetro a centímetro, minuto a minuto — bajo su guía.

Me envía al Espíritu Santo con instrucciones claras de cómo pelear, cuándo correr y dónde iniciar el siguiente ataque. Esta batalla contra principados y potestades es su guerra contra el diablo, no mi guerra. Yo sólo soy un soldado que pelea en su guerra. Me puedo cansar, ser herido, sentirme desalentando, pero puedo seguir luchando al saber que Él me tiene que dar las órdenes. Soy un voluntario en su guerra. Estoy dispuesto a hacer su voluntad a toda costa. Aguardaré sus órdenes acerca de cómo ganar. Estas instrucciones a veces llegarán despacio. La batalla parece que me es desfavorable, pero al final, sé que triunfaremos. Dios desea que sencillamente crea en Él. Como Abraham, mi fe es contada como justicia. El único papel que puedo desempeñar en esta guerra es creer que Dios me sacará victorioso de la batalla.

Finalmente, cuando se triunfa sobre el pecado, todos los demás enemigos deben huir

Lo que yo consiga en contra del pecado en mi vida determina el comportamiento de mis enemigos. El triunfo sobre el pecado que me acosa hace que todos mis demás enemigos salgan huyendo. La preocupación, el temor, el sentimiento de culpabilidad, la ansiedad, la depresión, la inquietud y la soledad son todos mis enemigos. Pero sólo me pueden causar daño cuando el pecado me convierte en un blanco desprotegido. Los justos son tan valientes como leones. Tienen ideas y conciencias claras, y estas cosas son fortalezas que estos enemigos no pueden invadir.

¿Queremos triunfar contra todos nuestros enemigos? Entonces empecemos por luchar ferozmente contra el pecado que nos acosa. Eliminemos esa cosa maldita de nuestra vida, y nos volveremos poderosos en Dios. ". . . despojémonos de todo peso y del pecado que nos asedia . . ." (Hebreos 12:1).

7

CÓMO TRIUNFAR SOBRE LA TENTACIÓN

La tentación es una invitación o incitación a cometer un acto inmoral. Y en estos momentos Satanás está bramando sobre la tierra, como león rugiente, tratando de devorar a los cristianos por medio de fuertes incitaciones a la inmoralidad. Nadie está inmune, y cuanto más cerca estemos de Dios, tanto más desea Satanás separarnos.

Los pecadores no pueden ser tentados; sólo pueden serlo los verdaderos hijos de Dios. La lluvia no puede afectar a un cuerpo que ya está sumergido en agua. Los pecadores ya están anegados en perdición. Como hijos de Satanás, hacen lo que éste les ordena. No tienen que ser tentados e incitados, porque ya son inmorales; ya están condenados. Como esclavos, no tienen libertad para elegir. Simplemente pasan de estar muertos a estar más muertos a ser arrastrados de raíz. A los pecadores el diablo los puede provocar, pero no tentar. Satanás provoca a sus propios hijos para que se hundan en pozos más profundos y oscuros de inmoralidad. Ya están muertos en sus transgresiones y pecados y ya no pelean las batallas de los que viven. Por esto nuestro Señor nos dice que nos regocijemos cuando nos vemos sometidos a diferentes tentaciones. Entonces experimentamos algo que es exclusivo de los cristianos maduros.

La tentación es preparación bajo condiciones de combate. Es una guerra limitada. Dios limita esa guerra en tal medida que resulta soportable. Dios quiere a guerreros acostumbrados a combatir que puedan afirmar: "¡Estuve en medio del fragor de la batalla! El enemigo me rodeaba, me disparaba, tratando de matarme, pero Dios me mostró cómo enfrentarme a ello y que no debía temer. Ahora ya tengo experiencia, de modo que la próxima vez no temeré."

La tentación no es señal de debilidad ni de ceder ante el mundo. Antes bien, es una graduación, una señal de que Dios confía en nosotros. El Espíritu condujo a Jesús al campo de batalla de la tentación en el desierto para que aprendiera el secreto del poder sobre la tentación. En realidad Dios le dijo a Jesús: "Hijo, te he dado el Espíritu sin límite. Te he confirmado delante del mundo. Ahora voy a permitir que Satanás te ataque de todas las formas posibles; te tiente con sus incitaciones más poderosas. Lo haré para que nunca jamás temas su poder, para que puedas salir a predicar el reino, con fe de que Satanás es derrotado; y sabrás que no te puede tocar para nada."

Por esto son tentados los cristianos hoy; no para enseñarnos algo acerca de nosotros mismos, ni para demostrar el poder del diablo. ¡No! Se permite la tentación en la vida más santa para enseñarnos la limitación de Satanás, para desenmascarar al diablo, para poner de manifiesto su debilidad, para hacernos ver que Satanás es un espantapájaros. Tememos sólo lo que no entendemos.

Satanás utiliza toda clase de trucos para atemorizar a los ignorantes. Monta un tremendo espectáculo de terror: una exhibición envuelta en oropel de poder, fuerza y dominio. Pero Dios sabe que todo es ruido y falsedad insignificantes. Detrás del escenario hay un mago débil: la pequeña criatura calva con gafas, impotente, insignificante que aprieta botones y tira de palancas. ¿Quién en su sano juicio, conociendo el poder total de Dios, no se reiría de la atracción insignificante y débil de Satanás?

Cuando somos tentados, Dios nos está diciendo: "Satanás es impotente; no es lo que pretende ser. Lleva una falsa máscara y dispara flechas de fuego que se apagan y mueren en presencia de la verdad. Pero deben descubrir esto por sí mismos. Háganle frente a sus pobres amenazas, y luego superen el temor que les hubiera podido causar. No los asustará; no desenmascarará sus posibles debilidades. No puede conseguir que hagan nada. Por el contrario, pondrá de manifiesto su propia debilidad. Ustedes lo desenmascararán como falso mago. Luego los dejará, porque no quiere que compartan con nadie el secreto que han descubierto."

No basta decir que no es pecado ser tentado. Esto no significa absolutamente nada para quienes ya han sucumbido. El problema no es aprender a aceptar la tentación como una experiencia por la que tienen que pasar todos los cristianos, sino más bien qué hacer para no ceder. El problema es saber cómo mantenerse cuando Satanás nos trata de seducir con sus trampas. Queremos saber cómo conseguir el poder y valor para decir no y mantenernos firmes en ello, cómo encontrar fuerza para intentar no ceder. Cuando Satanás nos ataca como un torrente, no hay tiempo para refugiarnos en un lugar secreto. Quizá no haya tiempo para tomar la Biblia y buscar en ella unas cuantas promesas poderosas que nos alienten. Quizá no se encuentre cerca ningún amigo cristiano fuerte que nos sostenga en oración. De repente cae sobre nosotros la tentación, y deben tomarse decisiones inmediatas. Esto hace tanto más importante que los cristianos lleven siempre consigo el secreto de resistir en todo momento, en todas partes, bajo cualquier clase de tentación.

El poder de resistir y no ceder a la tentación no proviene de atiborrar nuestra mente con versículos bíblicos, ni de hacer votos y promesas, ni de dedicar horas a la oración y el ayuno, ni de rodearnos de amigos cristianos piadosos y de buenas influencias, ni de dedicarnos a alguna gran causa espiritual. Todo esto es recomendable y normal para el crecimiento cristiano, pero no se encuentra ahí el triunfo.

Romper con el temor del poder de Satanás

El simple secreto de resistir ante cualquier tentación es romper con el temor del poder de Satanás. El temor es el único poder que Satanás tiene sobre el ser humano. Dios no nos da el espíritu de temor; esto es sólo cosa de Satanás. Pero el ser humano tiene miedo del diablo, de los demonios, del fracaso; de que sus apetitos y hábitos no puedan cambiarse; de que los deseos íntimos surgirán violentamente para controlar su vida. Tiene temor de ser uno de los millares que quizá sea diferente: por naturaleza débil, lleno de codicia y sin remedio.

El ser humano tiene temor de no saber dejar el pecado. Le atribuye a Satanás un poder que no tiene. La persona exclama: "¡Estoy atrapado. No me puedo detener. Estoy embrujado y en poder del diablo. El diablo me lo hace hacer!"

¡El temor tortura! Mientras tengamos temor del diablo, nunca podremos romper con el poder de la tentación. Por esto Satanás promueve películas como *El Exorcista*, *El Presagio*, y toda una serie más que hacen que las personas vomiten y se desmayen de miedo; por esto a Satanás le encanta la enseñanza, que se está introduciendo en algunas iglesias, de que los demonios pueden tomar posesión de los cristianos. Satanás prospera en el temor, y los cristianos que temen al diablo tienen poco o ningún poder para resistir a sus incitaciones.

¡Todo se basa en una mentira! Esa mentira es que Satanás tiene poder para hacer sucumbir a cristianos bajo presión. ¡No es así! Jesús vino para destruir todo el poder del diablo sobre los hijos de Dios purificados con su sangre. A menudo me he preguntado por qué Dios permite que sean tan tentadas las personas espirituales. ¿Por qué Dios no elimina toda tentación en lugar de "dar la salida para que podamos soportar la tentación"? (*Véase* 1 Corintios 10:13.) La respuesta es sencilla: una vez que tomamos conciencia de lo impotente que es Satanás, una vez que tomamos conciencia de que no nos puede obligar a hacer nada, una vez que tomamos conciencia de que Dios tiene todo el poder para ayudarnos a no sucumbir . . . entonces podemos resistir ante todo lo que Satanás intente contra nosotros. ¡Podemos pasar por todo ello sin temor de caer!

Lo que hacemos depués de fracasar

Han oído decir que no es pecado ser tentado. Yo afirmo que el pecado más grande no es ceder ante la tentación. ¡El pecado más grande es no creer que Dios tiene el poder de liberarnos y de ayudarnos a no volver a caer! ¡Como cristianos, el paso más importante que jamás daremos es lo que hacemos inmediatamente después de fracasar!

No somos librados de la tentación, sino del temor de que el diablo nos haga caer. Seguiremos siendo tentados hasta que lleguemos al lugar de reposo en nuestra fe. Ese reposo es una confianza inconmovible de que Dios ha derrotado a Satanás; Satanás no tiene ningún derecho sobre nosotros; y saldremos de todo como oro purificado en el crisol.

La persona con doble forma de pensar es inestable en todo lo que hace. Es alguien que cree que el poder está igualmente dividido entre Dios y Satanás, lo cual explica por qué algunos ". . . en el tiempo de la prueba se apartan" (Lucas 8:13). Recaen en el temor; pierden de vista el poder omnipotente de Dios; se atemorizan ante el temor que Satanás esgrime. Jesús nos enseñó a orar para no caer en la tentación. Hemos de vigilar y orar para no "caer en la tentación". El espíritu está dispuesto, pero la carne es débil. El Espíritu de Dios en nosotros ansía enseñarnos a confiar en el poder de Dios, pero la carne trata de ceder ante el temor.

Creo que fue el temor, no el cansancio, lo que hizo dormir a los discípulos mientras Jesús oraba en el Jardín. Acababan de recibir la noticia de la traición de que había sido objeto, de que Jesús iba a ser entregado en manos de hombres pecadores, de que Pedro se volvería traidor, de que todos se iban a sentir ofendidos y a dispersarse. Olvidaron de repente todos sus milagros, su poder imponente para sanar a los enfermos y devolver la vida a los muertos, su poder para multiplicar panes y peces. En ese momento se sintieron aterrorizados. Temieron por su propia seguridad física. Temieron que el Señor los abandonara. Durmieron el sueño del condenado.

Cuando Jesús nos pide que oremos para no caer en la tentación, en realidad nos está diciendo: "Orad para aprender a confiar ahora en el poder de Dios, en vez de tener que regresar una y otra vez al campo de batalla de la tentación, ¡hasta que hayáis aprendido la lección!" Orad para que no seáis tentados, porque la lección que se os enseñaría ya la habéis aprendido.

Triunfamos sólo por fe

La Biblia dice que Dios sabe " . . . librar de tentación a los piadosos . . . " (2 Pedro 2:9). ¿Cómo?

Colocándonos en la línea de fuego hasta que salgamos cantando " . . . mayor es el que está en vosotros, que el que está en el mundo" (1 Juan 4:4), hasta que aprendamos a triunfar sólo por fe, hasta que reconozcamos de una vez por todas que " . . . Para esto apareció el Hijo de Dios, para deshacer las obras del diablo" (1 Juan 3:8).

No *tenemos* que ceder ante la tentación, pero a veces podemos caer. Incluso el más santo de entre el pueblo de Dios puede caer alguna vez. Por esto Dios ofreció medidas especiales para los que caen: " . . . si alguno hubiera pecado, abogado tenemos para con el Padre, a Jesucristo el justo" (1 Juan 1:2).

Nuestro Señor no se entristece tanto ante nuestras caídas en la tentación como ante el hecho de que no aprendemos a enfrentarnos a ello. Lo hiere más el hecho de que no hemos confiado en su poder para librarnos. A Dios le hiere, no tanto lo que hacemos, como lo que no hacemos. Jesús lloró sobre la ciudad de Jerusalén, profundamente apenado; no por el pecado de esa ciudad, no por su alcoholismo, ni prostitución, ni adulterio, ni mentiras ni engaños, sino porque le ofreció paz y liberación, ¡y no las aceptaron! No se abrieron por simple fe. No aceptaron su palabra. No acudieron a protegerse bajo sus alas protectoras. La incredulidad de ellos en su poder lo hizo llorar. Pecador es quien vive como quien confiesa que el diablo tiene más poder que Dios. El cristiano que triunfa es aquel cuya vida confiesa: "Dios tiene el reino, el poder y la gloria por siempre. Amén."

Algunas personas en realidad no desean librarse de las tentaciones. Coquetean y retozan con ellas como en una especie de juego arriesgado. Saben que Dios puede ayudarlos a no pecar, pero en lo más profundo prefieren divertirse un poco, vivir unas cuantas experiencias de inmoralidad, degustar un poco lo prohibido. Tienen miedo de confiar en que Dios les dará poder para triunfar, porque no están seguros de que no quieren caer. ¡Es tan incitante! No desean apenar al Señor ni volver la espalda a su amor. Quieren ser librados . . . más tarde. Quieren una liberación a medias, cuando llegue el momento. Muchos hoy tienen temor de ponerlo todo en manos de Dios porque todavía anhelan las incitaciones atractivas de Satanás. Satanás siempre hace que ceder sea tan conveniente, tan sencillo, tan fácil.

Dios nos da la voluntad de triunfar

Dios tiene el poder de hacernos desear ser libres. Puede poner en nosotros la voluntad de triunfar y el poder de poner en práctica esa voluntad. Si Satanás puede poner en la persona la voluntad de pecar, Dios puede y quiere poner en sus hijos la voluntad de triunfar. Lo que nos corresponde es sencillamente creer que Dios puede santificar nuestra voluntad y poner en nosotros un deseo avasallador de resistir a la invitación del diablo: "Porque Dios es el que en nosotros produce así el querer como el hacer, por su buena voluntad" (Filipenses 2:13).

¿Deseamos el poder de resistir a toda tentación? ¿Deseamos encontrar una salida? ¿Deseamos tener una fortaleza cada vez mayor para resistir? ¡Entonces dejemos de glorificar al diablo! ¡Dejemos de pensar que puede obligarnos a pecar! ¡No tiene poder para volvernos adictos a nada! ¡Utilicemos nuestro escudo de fe! Miremos de frente a esa tempestad de la tentación, y exclamemos: " . . . el maligno no me toca" (*Véase* 1 Juan 5:18). Venzamos nuestro temor del poder del diablo, y así podremos resistir a cualquier tentación que nos envíe. Sencillamente comprometámonos a mantener nuestra fe en Él, como Creador fiel.

Y por encima de todo recordemos esto: " . . . estemos firmes . . . y en nada intimidados por los que se oponen . . . " (Véase Filipenses 1:27,28).

8

CRISTIANOS, DEPONGAMOS EL SENTIMIENTO DE CULPA

Los cristianos somos criaturas raras. Recorremos el mundo predicando el amor de Jesús y su perdón de todos los pecados. Les decimos a los paganos, al adicto, al alcohólico, a la prostituta: "Vengan a Jesús pare recibir perdón. Él les perdonó sus pecados en la cruz, de modo que vengan a recibir el perdón y la sanidad de todas sus heridas. Pueden tener paz y quedar libres de culpa." Como consecuencia de esto, personas pecadoras que han sido culpables de toda clase imaginable de acciones tenebrosas y malas acuden alegres a Cristo y de inmediato son perdonadas y liberadas de la culpa.

Lo más difícil del mundo que tiene que hacer el cristiano es recibir la misma clase de amor y perdón que predica a los pecadores. Los cristianos encontramos muy difícil permitirnos la misma liberación de la culpa que ofrecemos, por medio de Cristo, a rameras y borrachos.

Los cristianos pecan contra el Señor y luego se dedican a sobrellevar una carga agobiante de culpa. Quieren pagar por sus fallos. Desean recibir castigo. Desean hacer penitencia o sufrir alguna clase de dolor antes de recibir perdón.

"Pero Señor — arguye el cristiano —, he pecado en forma muy consciente; sabía lo que hacía. Antes de consumarlo, sabía que iba a conculcar un mandamiento. ¿Cómo puedo ser perdonado por haber apenado a mi Salvador con tanta insolencia? Rechacé al Espíritu que me acusaba y me empeñé en cometer pecado."

El peligro del sentimiento de culpa

El sentimiento de culpa es peligroso por cuanto destruye la fe. El enemigo de nuestra alma no está interesado en conseguir que los cristianos sean adúlteros, adictos o prostitutas. Se interesa sólo en una cosa, a saber, que los cristianos se vuelvan no creyentes. Utiliza los deseos del cuerpo para atar la mente.

Satanás no quiso que Job se volviera adúltero, ni adicto al vino, ni a tomar pastillas contra el dolor. ¡No! Satanás sólo quería conseguir una cosa de Job: ¡Quería que maldijera a Dios! Quería destruir la fe de Job en Dios.

Así sucede también hoy. Nuestra verdadera batalla no es contra el sexo, el alcohol, las drogas o la lujuria. Es contra nuestra fe. ¿Creemos que Dios es liberador? ¿Está listo a ayudarnos en la hora de la tentación? ¿Son verdaderas sus promesas? ¿Hay liberación del pecado? ¿Responde Dios de veras a nuestra oración? ¿Nos sacará triunfantes de la batalla? ¿Vendrá el gozo después de las lágrimas?

Satanás desea que el sentimiento de culpa nos aplaste hasta el punto de abandonar la fe. Desea que dudemos de la fidelidad de Dios. Desea que pensemos que nadie se preocupa, que viviremos desdichados y quebrantados, que siempre seremos esclavos de nuestros deseos, que la santidad de Dios es inalcanzable, que estamos solos para salir de nuestros problemas, que a Dios no le preocupan ya nuestras necesidades y sentimientos. Si pudiera conseguir que llegáramos a desesperarnos, nos llenaría de incredulidad. Entonces es cuando tiene éxito en su misión. Los tres pasos sencillos hacia el ateísmo son el sentimiento de culpa, la duda y la incredulidad.

El sentimiento de culpa, como cáncer invasor, puede consumir la vitalidad espiritual del cristiano. Hace que la persona pierda el control de la vida; conduce a un deseo de abandonar, de retirarse de toda actividad espiritual; y en última instancia produce dolor y enfermedad físicos. Como el cáncer, el sentimiento de culpa se nutre de sí mismo, hasta que desaparece toda vida espiritual. Las consecuencias finales son la debilidad y un sentido de vergüenza y fracaso.

Me he encontrado con cristianos por todo el país que viven constantemente agobiados con la carga abrumadora de culpa.

Han llegado a creer que son traidores al Señor. Viven en agonía y dolor espirituales todas las horas de su vida, debido a algún pecado o debilidad ocultos. No saben apropiarse del perdón divino, y viven temerosos del juicio de Dios sobre ellos o sus familias.

Las causas del sentimiento de culpa

¿Quiénes son esas almas tristes, agobiadas de culpa? A menudo es esa persona casada que, durante años, ha estado cautiva de un matrimonio sin amor y encuentra a alguien que trae luz a su aburrida vida. En algún momento de la relación, en ese matrimonio desapareció el romance. Las heridas ya no se sanan; las líneas de comunicación se cortaron. Luego un día, sin ni siquiera buscarlo, otra persona entra en escena. Una palabra tierna, un contacto dulce, y se produce una nueva clase de despertar. Otra persona aviva las brasas moribundas, y se produce la relación amorosa secreta. Se consuelan con las palabras: "¿Cómo puede ser malo, cuando parece tan bueno?"

A menudo hay hijos de por medio, una reputación, un trabajo, un ministerio que hay que tener en cuenta. Pero lo que por encima de todo produce el sentimiento de culpa es el conocimiento de que se están violando las leyes de Dios. Dios no puede sonreír ante esto; no puede bendecirlo. Entonces comienza la lucha. Se sienten desgarrados entre el convencimiento de que por fin han encontrado el único verdadero amor de su vida y el deseo innato de mantenerse fieles a Dios y a las promesas matrimoniales. Quieren salirse de un matrimonio sin esperanza, sin desagradar a Dios.

Hay miles de personas cautivas de esta clase de trampa, incluso ministros. Cuanto más aman a Dios, peor es el sentimiento de culpa. Unos pocos llegan a descartar el sentimiento de culpa y a vivir sin escrúpulos sus amores secretos, después de haber justificado sus acciones con excusas muy complicadas. Pero la mayoría no pueden ser deshonestos con su propio corazón, de modo que siguen viviendo con un sentimiento de culpa cada vez mayor.

¿Qué decir de todos los otros deseos secretos de la carne que agobian el alma? ¿Qué decir del cristiano que bebe demasiado con disimulo o que toma demasiados medicamentos que le están produciendo dependencia? ¿Qué decir de los miles de hombres cristianos atrapados en festines pornográficos? Por una extraña atracción van a cines de películas pornográficas o a puestos de revistas en busca de publicaciones con desnudos, no una o dos veces, sino casi siempre que están solos, sobre todo cuando viajan. Sí, estoy hablando de cristianos.

Amoríos secretos, bebida, drogas, pornografía, homosexualismo, lesbianismo y muchas otras debilidades humanas son las causas principales del sentimiento de culpa. El pecador puede permitirse cualquiera de estos pecados y no luchar contra el sentimiento de culpa, pero este no es el caso del verdadero hijo de Dios.

Santos que no lo son

Es triste que muchos cristianos piadosos se oculten detrás de máscaras puritanas y hagan como el publicano del tiempo de Cristo, quien se jactaba: "Gracias a Dios no soy como esos pecadores." Cuando uno los oye hablar, se diría que sus matrimonios son perfectos y su moral santa. ¡No lo creamos! Todos hemos pecado y nos hemos quedado cortos ante la santidad de Dios. Nadie es justo por su propia fuerza. Muéstrenme el alma más santa de la tierra, y les mostraré a alguien que lucha con la tentación tanto como cualquier otro cristiano. Y si un cristiano quisiera conseguir no juzgar a los demás, todo lo que tiene que hacer es mirar dentro de sí mismo y ser honesto respecto a sus luchas internas. Esto debiera impedir que nos preocupáramos de la situación espiritual de los demás.

Una de las cosas buenas que debiera producirse de la lucha interna del cristiano con la carne es que aprenda a no tirar piedras, claro está, si es honesto consigo mismo. La Palabra nos instruye: " . . . de la manera que Cristo os perdonó, así también hacedlo vosotros" (Colosenses 3:13).

Quizá debido a todas las terribles luchas que los cristianos enfrentan, descubriremos un nuevo espíritu de tolerancia y de amor por los demás. Quizás, al ser perdonados tanto nosotros mismos, perdonaremos a los demás, por sus faltas: " . . . sed benignos unos con otros, misericordiosos, perdonándoos unos a otros, como Dios también os perdonó a vosotros en Cristo" (Efesios 4:32).

Probados por la Palabra

¿Hay liberación del sentimiento de culpa? ¿Pueden los cristianos enfrentarse con los encaprichamientos, las adicciones y las debilidades, de una forma honesta y piadosa y así encontrar verdadera liberación del poder del pecado? ¿Seguirá perdonando Dios mientras luchamos? Si ese pecado que acosa sigue derrotando al creyente, ¿seguirá Dios perdonando hasta que llegue el triunfo?

He encontrado personas muy piadosas que me han confesado que la Palabra de Dios los sometió a una prueba muy dura. Las promesas suenan como si tuvieran que funcionar casi automáticamente, pero no es así. El mandamiento dice que no hagamos tal cosa, pero nuestra débil carne parece no poder obedecer. Entonces hacemos lo que sabemos que es pecado. La Palabra dice: "... el pecado ya no se enseñorea más de ti" (*Véase* Romanos 6:9). Pero esto no parece funcionar en la vida cotidiana.

> ¡Miserable de mí! ¿quién me librará de ese cuerpo de muerte? Gracias doy a Dios, por Jesucristo nuestro Señor. Así que, yo mismo, con la mente sirvo a la ley de Dios, más con la carne a la ley del pecado.
>
> Romanos 7:24, 25

La pregunta es: ¿Dónde consigo el poder para resistir los deseos de mi corazón? ¿Es simple fuerza de voluntad? ¿Aprieto los dientes y digo: "Simplemente me apartaré de ello; nunca permitiré que se apodere de mí?" ¿Espera Dios que resista con lo que tengo? ¿Puedo vencer el pecado que me acosa, en un momento decisivo?

Otros dicen en forma desenvuelta: "¡Simplemente deténlo! ¡Déjalo! ¡Apártate de ello! Lo sabes muy bien, y entonces ¿por qué es tan difícil?" ¡Oh, sí! Pero esas mismas personas que encuentran tan fácil apartarse de todos los deseos de la carne y de los deseos del mundo encuentran casi imposible apartarse de su propia soledad, pesares, temores o luchas con la salud. Todos los cristianos de la tierra se enfrenan con batallas íntimas; ¡nadie está inmune!

La forma de liberarse del sentimiento de culpa es librarse del pecado. Parece sencillo, pero no lo es. No es tan fácil decidir apartar a la tercera persona que ha entrado en la vida. Muchos lo han intentado sólo para descubrir que no funciona. Nadie consigue simplemente apartarse de lo que lo ata. La Biblia nos persigue; dice: "Despojémonos del hombre viejo . . . Apartémonos de incluso la apariencia de mal . . . Andemos en el Espíritu y no satisfaremos los deseos de la carne." Esto es exactamente lo que deseamos: liberación del pecado que tan fácilmente nos acosa, andar totalmente en el Espíritu, y vivir una vida que agrade totalmente a Dios. Pero nos parece que somos impotentes para apartar esos deseos.

Cuando parece que no podemos triunfar, y seguimos cayendo al polvo, fracaso tras fracaso, entonces comenzamos a pensar: "Algo anda muy mal en mí. Soy una criatura sensual, mala, débil. Dios debe estar harto de todos mis fracasos. Lo he hecho enfadar." Entonces es cuando el sentimiento de culpa se apodera de uno como una gran ola.

Todos enfrentamos las mismas luchas

Animémonos, hijos de Dios. Todos estamos navegando en el mismo barco. No todos nosotros luchamos con un amorío secreto ni con adicciones carnales. Algunos de nosotros luchamos con un enemigo más insidioso: la duda. Dudar de la preocupación de Dios y de su participación diaria en nuestra vida puede producir un sentimiento terrible de culpa. Pero no hay tentación que nos sobrevenga que no sea común a todas las personas. No estamos pasando por alguna prueba extraña, exclusiva nuestra. Miles más están pasando por el mismo conflicto.

Lo más importante que jamás podremos hacer en nuestra vida es el paso que damos inmediatamente después de fallarle a Dios. ¿Creeremos en las mentiras del acusador y nos rendiremos desesperados, o nos permitiremos recibir el manantial de perdón del amor de Dios del que predicamos tanto a los demás?

¿Tememos pedir perdón porque no estamos seguros de que queremos estar libres de eso que nos amarra? ¿Queremos al Señor, y con todo secretamente anhelamos algo o alguien que no es lícitamente nuestro? Dios puede, en respuesta a nuestras oraciones sinceras, hacernos desear su perfecta voluntad. Pidámosle que nos haga desear cumplir su voluntad. "Porque Dios es el que en vosotros produce así el querer como el hacer, por su buena voluntad" (Filipenses 2:13).

Cuando un cristiano peca, se siente excluído de la presencia de Dios, como ocurrió con Adán. Dios siempre está ahí, esperando hablar, pero el pecado hace que el hombre se aleje. Dios nunca se aleja; sólo el hombre lo hace. De hecho la persona que vive en pecado teme abrirse a Dios, por temor de que le pida un compromiso con la santidad antes de que el pecado esté dispuesto a someterse. El cristiano que peca sabe esto: "Si me acerco a Cristo, el Espíritu Santo señalará mi pecado secreto, y tendré que renunciarlo. ¡Todavía no estoy listo para esto!"

¿De nada sirve preguntarnos a nosotros mismos: "¿Cómo me metí en esto? ¿Por qué tengo que ser tentado de esta forma? ¿Por qué semejante prueba, cuando ni la busqué ni la deseé? ¿Por qué yo, Señor?" Tampoco le echemos la culpa al diablo. Pecamos cuando el deseo que hay en nuestro corazón nos aleja e incita.

No justifiquemos nuestra debilidad

Nunca justifiquemos ninguna acción mala. Hay sólo una forma de que el pecado nos endurezca, y es justificarlo. Los cristianos que aprenden a odiar su pecado nunca se entregarán a su poder. Como cristianos, nunca debemos perder de vista la pecaminosidad total del pecado. Mantengámonos inconformes con nuestro pecado.

Oí que alguien dijo de un hombre que vive en adulterio manifiesto y descarado: "Bueno, por lo menos es sincero. No está tratando de esconderlo, como algunos, quienes lo hacen de manera oculta." ¡No veo que esto sea nada honesto! El adúltero se ha ido cegando con una gran cantidad de justificaciones. No experimenta sentimiento de culpa, porque se ha entregado totalmente a una mentira y se ha convertido en víctima de una mente réproba. Por otra parte, la persona que sigue luchando, que odia la vestidura manchada, que desprecia todo pecado contra Dios, tiene a todo el cielo dispuesto a ayudarla. Hasta que llegue el triunfo, sigamos despreciando todas las acciones malas que cometamos.

Nunca pongamos límites al perdón de Dios

Mis queridos amigos cristianos, nunca pongamos límites al perdón que Dios está dispuesto a otorgarnos. Su perdón y paciencia no tienen límites. Jesús dijo a sus discípulos: "Y si siete veces al día pecare contra ti, y siete veces al día volviere a ti, diciendo: Me arrepiento; perdónale" (Lucas 17:4).

¿Creemos en esto? Siete veces al día esa persona en forma voluntaria peca ante mis propios ojos, y luego dice, "lo siento". Y tengo que perdonarlo, constantemente. ¿Cuánto más nuestro Padre celestial perdonará a sus hijos que acuden a Él arrepentidos? No nos detengamos a razonarlo. No nos preguntemos cómo o por qué perdona tan generosamente. Sencillamente, aceptémoslo.

Jesús no dijo: "Perdona a tu hermano una o dos veces, y luego dile que no vuelva a pecar. Dile que si lo vuelve a hacer, será rechazado. Dile que es un pecador habitual, incurable." ¡No! ¡Jesús pidió un perdón ilimitado, sin condiciones!

Está en la naturaleza de Dios perdonar. David dijo: "Porque tú, Señor, eres bueno y perdonador, y grande en misericordia para con todos los que te invocan" (Salmo 86:5).

Dios está esperando, en este momento, para colmar nuestro ser con el gozo del perdón. Sólo necesitamos abrir todas las puertas y ventanas del alma para permitir que su Espíritu nos inunde de perdón.

Juan, hablando como cristiano, escribió: "Y él es la propiciación por nuestros pecados; y no solamente por los nuestros, sino también por los de todo el mundo" (1 Juan 2:2).

Según Juan, la meta de todo cristiano es no pecar. Esto significa que el cristiano no se inclina hacia el pecado sino, por el contrario, hacia Dios. Pero, ¿qué sucede cuando el hijo que prefiere a Dios peca?

> ...y si alguno hubiere pecado, abogado tenemos para con el Padre, a Jesucristo el justo. Si confesamos nuestros pecados, él es fiel y justo para perdonar nuestros pecados, y limpiarnos de toda maldad.
>
> 1 Juan 2:1; 1:9

Depongamos nuestro sentimiento de culpa, ahora

Uno no entrega el sentimiento de culpa, el pecado, o la lucha interior como quien se quita una chaqueta. Se entrega por medio de una operación sobrenatural del Espíritu Santo de Dios. El Espíritu Santo responde al corazón quebrantado que extiende la mano, por fe, para hacer suyas las promesas de Dios. Entonces el Espíritu llena con su naturaleza divina ese vaso vacío. Comienzan a desarrollarse una serie de hechos milagrosos. De repente le sobreviene al santo de Dios un deseo renovado de confesar, de aceptar la voluntad de Dios, de volverse más como Jesús, de ver las cosas a la luz de la eternidad, de experimentar una prisa por entregarse.

El Espíritu Santo va conduciendo al vaso que se abre hacia la forma de pensar de Dios. Buscamos lo que creemos que es bueno para nosotros; codiciamos lo que no es nuestro. Pero Dios mira hacia adelante en el camino, y sabe lo que es mejor. Nuestras maneras y pensamientos no son sus maneras y pensamientos. Dios dará a su hijo que se entrega algo mejor, si renuncia a su propio plan.

¿Qué se interpone entre nosotros y Dios? ¿Es un pecado secreto? ¿Lujuria? ¿Dudas? ¿Temores? ¿Ansiedad? ¿Cuál es la causa de nuestro sentimiento de culpa? Estemos dispuestos a entregarlo y colocarlo a los pies de la cruz. Realicemos ahí mismo el funeral; entonces el sufrimiento y la muerte resucitarán convertidos en obediencia, y andarán en el Espíritu. Dios no nos defraudará. Reemplazará el lugar vacío con algo mucho mejor, algo que sea del agrado de su propio corazón, algo que nos proporcionará más gozo que aquello a lo que renunciamos.

Depongamos nuestro sentimiento de culpa. No necesitamos seguir cargando con ese peso ni por un minuto más. Abramos todas las puertas y ventanas del corazón para que entre el amor de Dios. Nos perdona una y otra vez. Nos dará el poder para que la lucha se convierta en triunfo. Si lo pedimos, si nos arrepentimos . . . ¡somos perdonados! Aceptemos el perdón ahora mismo.

9

DEJEMOS DE CONDENARNOS

Me siento tan avergonzado de mi mismo cuando recuerdo mi ministerio inicial, porque condené a tantas personas sinceras. Tenía buenas intenciones, y a menudo mi celo era sincero y bien intencionado. Pero, ¡a cuántas personas sometí a una condena horrible porque no se conformaban con mis ideas de santidad!

Años atrás predicaba contra el maquillaje de la mujer. Predicaba contra los vestidos cortos. Condenaba todo lo que no formara parte de mi lista de "cosas legítimas". He predicado algunos sermones muy poderosos en el pasado, condenando a los homosexuales, a los divorciados, a los bebedores y a los que aceptan componendas. Todavía estoy profundamente comprometido con la idea de que los ministros deben clamar en contra de las incursiones del pecado y de las componendas en la vida de los cristianos. Todavía no me gusta ver a las mujeres cristianas maquilladas como prostitutas. Siguen sin gustarme las minifaldas. Creo más que nunca que Dios odia el divorcio. Todavía me siento comprometido con la idea de que Dios no parpadeará ante ningún pecado ni componenda de ninguna clase.

Pero últimamente Dios me ha venido apremiando a que deje de condenar a las personas que han fallado y, en vez de ello, les predique un mensaje de amor y reconciliación. ¿Por qué? Porque la iglesia actual está llena de cristianos que viven agobiados con montañas de culpa y condenación. No necesitan más predicación acerca del juicio y del temor; ya están lo suficientemente llenos de temor y ansiedad. No necesitan oír que un predicador les diga cuán enojado está Dios con ellos; ya tienen suficiente miedo de la ira de Dios. Necesitan que se les predique el mensaje que Juan anunció: "Porque Dios no envió a su Hijo al mundo para condenar al mundo, sino para que el mundo sea salvo por él" (Juan 3:17).

Jesús le dijo a una mujer adúltera: " . . . ni yo te condeno; vete, y no peques más" (Juan 8:11). Entonces, ¿por qué no puedo yo, y todos mis colegas ministros, predicar la misma clase de mensaje de amor a los millares y millares que viven en temor y adulterio? ¿Por qué seguimos condenando a los cristianos divorciados que se vuelven a casar, cuando se han arrepentido verdaderamente y han decidido no volver a pecar así?

Recientemente un muchachito de diez años vino a mí después de una cruzada y me pidió que lo escuchara. Estaba histérico. "Mi papá y mi mamá se divorciaron hace dos años. Mamá era una buena cristiana, y se volvió a casar con un buen cristiano. Vivo con mi madre y mi padrastro, y los quiero mucho. Pero mi mamá está siempre triste, y llora mucho, porque el ministro le dijo que estaba viviendo en pecado. ¿Se va a ir al infierno mi mamá porque se divorció y se volvió a casar con un hombre también divorciado? Estoy todo confundido, porque los dos son tan buenos cristianos."

Le dije al muchachito lo que deseo decirle a todo el mundo. Si su mamá se divorció a causa de su propio adulterio y se volvió a casar, está viviendo en adulterio. Dios odia el adulterio. Pero si se ha arrepentido, Dios la perdona, y puede volver a comenzar, como una cristiana nacida de nuevo. No está viviendo en pecado cuando está bajo la sangre de Cristo y ha sido perdonada. Puede comenzar una nueva vida sin culpa ni condenación. Si Jesús perdona el homicidio, el robo, la mentira, y así sucesivamente, también perdona el adulterio.

Me sorprende que nosotros, los ministros, estemos tan dispuestos a irnos a Africa a predicar el perdón a los paganos, pero no lo estemos para predicar perdón y reconciliación a los cristianos de casa. Un ministro se me quejó acerca de todas las personas divorciadas, quebrantadas, dolidas que había encontrado en su nueva iglesia. Pensé: *Hermano mío, debieras estar agradecido con Dios de que te haya puesto en un campo tan fértil. Esas son las personas que más necesitan tu ayuda. Necesitan que un hombre de Dios les muestre cómo comenzar de nuevo.*

Estoy felizmente casado; y, si Dios me ayuda, Gwen y yo siempre permaneceremos juntos, hasta que la muerte nos separe. ¡Desprecio el divorcio con todo el corazón! Pero me perturba que la iglesia esté dispuesta a excluir a quienes han cometido un error. La iglesia ofrece consuelo y solaz a todos los que son víctimas inocentes: la esposa que fue engañada, el marido cuya esposa lo abandonó, todos los hijos perjudicados en las separaciones.

Pero, ¿qué se puede decir de todos los responsables: los pecadores, los que ofendieron a seres queridos inocentes? Si uno de cada tres matrimonios acaba en divorcio, esto significa que millones de maridos y esposas son la parte culpable. No estoy dispuesto a dar por perdidos ni siquiera a los culpables. El ladrón al que Cristo perdonó en el Calvario no era una víctima inocente. ¡No! Era responsable; ¡era criminal! Pero en su pecado acudió a Cristo, por fe. Fue perdonado y llevado con Cristo a la gloria.

¿Qué diremos de los homosexuales y lesbianas y alcohólicos? ¿Hará algún bien condenarlos? ¡No! Mil veces ¡no! Cristo no vino para condenar a estos pecadores, sino para rescatarlos en amor. Dios odia los actos homosexuales, pero no desecha a quienes no viven sus papeles masculino o femenino.

Una atractiva enfermera de diecinueve años vino a mí después de una cruzada. Con los ojos llenos de lágrimas, musitó una lamentable confesión entrecortada por sollozos:

— Sr. Wilkerson, soy lesbiana. Me siento tan sucia, tan impura. El ministro de la iglesia a la que solía asistir me pidió que nunca más volviera a ir. Dijo que no podía exponerse a que sedujera a otros de la congregación. Me siento como si mi única salida fuera el suicidio. Vivo en un temor y condenación totales. ¿Debo quitarme la vida para poder estar en paz?

Iba apartándose de mí, como si fuera demasiado impura para estar en mi presencia. Le pregunté si seguía amando a Jesús.

— Oh, sí — contestó. — A toda hora mi corazón clama por Él. Amo a Cristo con todo mi ser, pero estoy atada a este terrible hábito.

Qué hermoso fue ver cómo se iluminaba su cara cuando le dije cuánto la amaba Dios, incluso en sus luchas. Le dije:

—Nunca se entregue a su pecado. Dios traza una línea divisoria precisamente en el punto en que usted se encuentra. Todo impulso hacia Él se cuenta como justicia. Todo paso que cruce esa línea, apartándose de Él, es pecado. Si nos acercamos a Él, Él se acerca a nosotros. ¡Mantenga su impulso espiritual! Siga amando a Jesús, aunque todavía no haya conseguido el triunfo total. Acepte su perdón diario. Viva día a día. Convénzase de que Jesús ama a los pecadores, ¡de modo que tiene también que amarla a usted!

Apareció en su rostro una sonrisa de alivio y dijo: "Sr. Wilkerson, usted es el primer ministro que me ha ofrecido un rayo de esperanza. En lo más profundo de mi corazón, sé que Él me sigue amando, y sé que me liberará de esta esclavitud. Pero todos me han condenado tanto. Gracias por su mensaje de esperanza y amor."

¿Hay alguien viviendo bajo condenación? ¿Alguien ha pecado contra el Señor? ¿Alguien ha entristecido al Espíritu Santo en su vida? ¿Alquien está librando una batalla perdida con una tentación avasalladora?

Todo lo que debemos hacer es buscar la Palabra de Dios, y descubriremos a un Dios de misericordia, amor y compasión ilimitados. David dijo: "Si mirares a los pecados, ¿quién, oh Señor, podrá mantenerse? Pero en ti hay perdón, para que seas reverenciado" (Salmo 130:3, 4).

Una mujer turbada que había venido a mi oficina gemía: "Sr. Wilkerson, una vez Dios me sacó del alcoholismo. Pero hace poco me sentí muy desanimada y volví a la bebida. Ahora no me puedo detener. Le he fallado tanto al Señor que lo único que puedo hacer es darlo todo por perdido. Después de todo lo que hizo por mí, vea cómo le he fallado. De nada sirve; nunca conseguiré reformarme."

Estoy convencido de que hay más fracasos espirituales de lo que muchos de nosotros pensamos. Hay una estrategia demoníaca de convertir esos fracasos en muros que mantengan a los derrotados lejos de Dios. Pero no necesitamos permitir que el demonio convierta nuestras derrotas temporales en un infierno permanente.

Creo que hay literalmente millones de personas como el joven marinero que vino a verme. Con lágrimas en los ojos dijo: "Mi papá es ministro, pero le he fallado tanto. Soy tan débil. Tengo miedo de que nunca serviré al Señor como debería. Caigo tan fácilmente en pecado."

Confesiones como éstas son trágicas, pero he descubierto un gran estímulo en la toma de conciencia de que algunos de los personajes más importantes de la Biblia pasaron por épocas de fracasos y derrotas.

¿Pensaríamos que Moisés fue un fracaso? ¡Difícilmente! Fue para Israel lo que Washington y Lincoln, juntos, han sido para los Estados Unidos de América . . . y mucho más. Pero examinemos en detalle la vida de ese gran legislador. Su carrera comenzó con un homicidio, seguido de cuarenta años de ocultamiento de la justicia.

Moisés fue un hombre temeroso e incrédulo. Cuando Dios lo llamó para que sacara a los israelitas de la esclavitud, suplicó: " . . . nunca he sido hombre de fácil palabra . . . soy tardo en el habla . . . envía . . . por medio del que debes enviar" (Éxodo 4:10,13). Esto enojó a Dios. Toda su vida, Moisés había anhelado entrar en la Tierra Prometida, pero sus fallos no se lo permitieron. Incluso así, Dios compara la fidelidad de Moisés con la de Cristo. Sus fallos no mantuvieron a Moisés excluido del salón de la fama de Dios: " . . . considerad . . . Cristo Jesús; el cual es fiel al que le constituyó, como también lo fue Moisés en toda la casa de Dios" (Hebreos 3:1,2).

Solemos pensar en Jacob como en el gran guerrero de la oración quién luchó con el ángel del Señor y prevaleció. Jacob recibió una visión del cielo con ángeles que ascendían y descendían. Con todo, la vida de este hombre estuvo llena de manifiestos fallos, y la Biblia no oculta ninguno.

De joven, Jacob engañó a su padre ciego, para despojar a su hermano de la herencia. Casado, repudió a su esposa Lea, mientras cultivaba un gran amor secreto por la hermana de ésta, Raquel. No aceptó su responsabilidad como marido. Después del nacimiento de cada varón, Lea decía: " . . . ahora esta vez se unirá . . . " (Génesis 29:34). Pero el hecho es que Jacob la odiaba.

Ahí tenemos a un hombre cautivo en una telaraña de engaños, codicia, robo, infidelidad y poligamia. Sin embargo, seguimos adorando al Dios de Abraham, Isaac y Jacob.

El Rey David, el cantor de los salmos y poderoso guerrero, se deleitaba en la ley del Señor y se presentaba como el hombre justo que no se mezclaba con pecadores. Pero cuán sorprendentes son las debilidades de este gran hombre. Tomó a Betsabé de su esposo Urías, envió al confiado hombre a la muerte, en la vanguardia de su ejército. El profeta Natán declaró que este doble pecado fue la gran ocasión para que los enemigos del Señor blasfemaran.

Imaginemos al gran rey de pie junto al ataúd de su hijo ilegítimo muerto, con una esposa robada junto a él, y un mundo lleno de enemigos que maldecían a Dios a causa de los notorios pecados suyos. Ahí estaba David, un total fracaso. Pero Dios llamó a David hombre según su corazón. También bendijo al homicida Moisés y al tramposo Jacob, porque estos hombres aprendieron a sacar provecho de sus fracasos y llegar al triunfo.

Si nos sentimos desalentados por nuestros fracasos, hay buenas nuevas. Nadie está más próximo al reino de Dios que el hombre o mujer o joven que mira cara a cara a la derrota, aprende a enfrentársele, y avanza hacia una vida de paz y triunfo.

No tengamos miedo de los fracasos

Esto parece como una reacción automática. Cuando Adán pecó, trató de ocultarse de Dios. Cuando Pedro negó a Cristo, tuvo miedo de enfrentársele. Cuando Jonás se negó a predicar en Nínive, su temor lo condujo al océano, para huir de la presencia de Dios.

Pero Dios me ha mostrado una verdad que me ha ayudado muchas veces: mucho peor que el fracaso es el temor que lo acompaña. Adán, Jonás y Pedro huyeron de Dios, no porque hubieran dejado de amarlo, sino porque tuvieron temor de que estuviera demasiado enojado con ellos como para entenderlos. Satanás utiliza este temor para hacer que las personas piensen que no vale la pena tratar.

Ese viejo acusador de los hermanos acecha, como ave de rapiña, a que fallemos. Entonces utiliza todas las mentiras del infierno para hacernos abandonar, para convencernos de que Dios es demasiado santo o de que somos demasiado pecadores para regresar. O nos hace temer que no somos lo bastante perfectos o que nunca superaremos los fracasos.

Le tomó cuarenta años a Moisés para salir del temor y así resultar útil para el plan de Dios. Entre tanto el plan de Dios de liberación tuvo que demorarse por casi medio siglo en lo que un hombre aprendía a enfrentarse con su fracaso. Si Moisés o Jacob o David se hubiera resignado al fracaso, quizá nunca más hubiéramos oído hablar de estos hombres. Sin embargo, Moisés se levantó de nuevo para llegar a ser uno de los mayores héroes de Dios. Jacob se enfrentó con sus pecados, se reunió con el hermano al que había engañado, y llegó a nuevas cimas de triunfo. David corrió a la casa de Dios, tomó los cuernos del altar, encontró perdón y paz, y vivió sus momentos mejores. Jonás se devolvió, hizo lo que antes se había negado a hacer, y condujo a toda una ciudad-estado al arrepentimiento y liberación. Pedro se levantó de las cenizas de la negación para liderar a la iglesia hacia Pentecostés.

A pesar del fracaso, sigamos avanzando

Siempre es después de un fracaso que la persona realiza su obra más importante para Dios.

Hace veintiún años, sentado en mi pequeño automóvil, estaba llorando; era un terrible fracaso, pensaba. Había sido echado sin miramientos de un tribunal de justicia después de pensar que Dios me había guiado para ser testigo de siete asesinos de adolescentes. Había visto mi fotografía en los periódicos, con el pie de foto: "Predicador bíblico interrumpe juicio por asesinato." Mi intento de obedecer a Dios y ayudar a esos jóvenes maleantes parecía como que fuera a terminar en un horrible fracaso.

Tiemblo al pensar en cuántas bendiciones hubiera perdido si me hubiera rendido en esa hora de tinieblas. Cuán satisfecho me siento hoy de que Dios me enseñara a enfrentar mi fracaso y seguir avanzando hacia la próxima etapa que me tenía reservada.

Conozco a dos destacados hombres de Dios, ambos con ministerios para millares de personas, que cayeron en el pecado que David cometió con Betsabé. Uno de ellos decidió que no podía continuar. En la actualidad bebe y maldice al Cristo que una vez predicó. El otro se arrepintió y comenzó de nuevo. Ahora está al frente de un programa internacional de misiones que alcanza a millares para Cristo. Su fracaso ha quedado atrás. Sigue avanzando.

En mi trabajo con adictos a narcóticos e incorregibles, he observado que la mayoría de los que regresan a sus antiguos hábitos se vuelven más fuertes que todos los demás cuando se enfrentan con sus fracasos y vuelven al Señor. Tienen una conciencia especial del poder de Satanás, un repudio total de cualquier confianza en la carne.

A pesar del fracaso, sigamos rindiendo adoración

Sólo de una forma pudo Moisés mantenerse triunfante, porque tenía una disposición como la de muchos de nosotros hoy. Constantemente se comunicaba con el Señor, " . . . cara a cara, como habla cualquiera a su compañero . . . " (Éxodo 33:11). Moisés mantuvo esa amistad estrecha con Dios. Creo que el secreto de la santidad es muy simple: ¡Permanecer cerca de Jesús! Seguir mirando su rostro, hasta que uno se convierte en la imagen que contempla.

Una noche, una mujer en estado de histeria me detuvo en la calle y prorrumpió en una terrible confesión. Agarrada tan fuertemente de mi manga que creí que me la iba a arrancar, dijo: "Sr. Wilkerson, me encuentro en la hora más oscura de mi vida. No sé de qué lado volverme. Mi marido me ha abandonado, y toda la culpa es mía. Cuando pienso en cómo le he fallado a Dios y a mi familia, me resulta casi imposible dormir de noche. ¿Qué voy a hacer?"

Me sentí movido a decirle: "Amiga mía, levante los brazos, ahora mismo en este esquina, y comience a rendir adoración al Señor. Dígale que sabe que es un fracaso, pero que lo sigue amando. Luego váyase a casa y póstrese de rodillas. No le pida nada a Dios, sólo eleve su corazón y manos para rendirle adoración."

Dejé a la mujer de pie en la esquina, con las manos elevadas al cielo, con lágrimas rodando por sus mejillas, alabando al Señor y saboreando ya el triunfo que comenzaba a resucitar en su vida.

Ahora permítanme hablar de sus fracasos. ¿Hay problemas en su hogar? ¿Se ha apoderado tan fuertemente de su vida algún hábito despreciable que parece como que no puede romperlo? ¿Se siente atormentado en la mente o el espíritu? ¿Le ha dicho Dios que haga algo que no hecho? ¿Está fuera de la voluntad de Dios? ¿Lo atormentan recuerdos de lo que fue en otro tiempo o visiones de lo que puede llegar a ser? Entonces, ¡rinda adoración a Dios en medio de su fracaso! ¡Alabe al Señor! ¡Exáltelo!

Todo esto puede parecer como un exceso de simplifación, pero el camino a seguir para superar el fracaso es suficientemente sencillo para que lo sigan niños, tontos, y doctores. Cristo dice: " . . . el que a mí viene, no lo echo fuera" (Juan 6:37). "Venid a mí todos los que estáis trabajados y cargados [y fracasados], y yo os haré descansar" (Mateo 11:28).

No tengamos miedo al fracaso. Sigamos avanzando a pesar de él. Rindamos adoración a Dios hasta que llegue el triunfo.

La parte más difícil de la fe es la última media hora. Sigamos avanzando, y llegaremos a encontrar el momento más sublime.

10

CUANDO NO SABEMOS QUÉ HACER

Qué pensarían si nuestro presidente, dirigiéndose a la nación en cadena de televisión, confesara: "En realidad no sabemos qué hacer. Los líderes estamos confundidos, y carecemos de sentido de dirección." Eso sí sería un discurso. La nación se convulsionaría, ridiculizándolo y burlándose de él y de todos sus colaboradores.

Esto es exactamente lo que hizo el rey Josafat. Tres ejércitos enemigos se estaban aproximando a Judá, y este poderoso líder convocó a la nación en Jerusalén para formular un plan de guerra. Necesitaba planes, una declaración decisiva de acción. Había que hacer algo de inmediato. En vez de ello, Josafat de pie ante su pueblo abrió su corazón a Dios en confesión:

> He aquí ellos nos dan el pago viniendo a arrojarnos de la heredad que tú nos diste en posesión. ¡Oh Dios nuestro! ¿no los juzgarás tú? Porque en nosotros no hay fuerza contra tan grande multitud que viene contra nosotros; no sabemos qué hacer, y a ti volvemos nuestros ojos.
>
> 2 Crónicas 20:11, 12

¿Qué clase de plan de guerra es éste? Ningún programa ni comité de acción. Ni estandartes, ni maquinaria de guerra brillante y pulida, ni planes inteligentes de guerra. Ni sonido de trompetas ni movilización de ejércitos patriotas. Sólo una sencilla confesión: "Todo esto sobrepasa nuestra capacidad. No sabemos qué hacer; por esto mantendremos nuestros ojos fijos en el Señor." Decidieron quedarse sin hacer nada, admitir su confusión y jugárselo todo a una sola carta. No irían a ninguna parte sino más cerca de su Señor; no buscarían ayuda más que en Él.

¿Parece todo esto cobarde y ridículo? Los rodeaban tropas enemigas bien pertrechadas, y los cuervos se cernían en lo alto, esperando el comienzo de la batalla. Se limitaron a mantenerse juntos, alabando a Dios, admitiendo que no sabían qué más debían hacer, y buscando sólo en él la liberación.

Hoy día cuando tenemos problemas, actuamos como si dijéramos: "Señor, te amo, pero ya sé qué voy a hacer." Cuando el enemigo llega como una avalancha, nos entra el pánico. Sentimos que debemos hacer algo, dar algún paso o ceder en algo. Necesitamos ver que algo sucede, y nos sentimos culpables si no le estamos demostrando constantemente a Dios cuán dispuestos estamos a hacer todo lo que nos exija.

A todos nos llega el ansia de "lograr cosas"

Una madre divorciada estaba preocupada por la inseguridad que manifestaba su hijito desde que el papá había abandonado el hogar. El niño no la podía perder de vista. Lloraba y llamaba a su papá. Todo el amor que la madre le expresaba no parecía ser suficiente. ¿Qué hizo esta madre cristiana? Pidió consejo a los amigos. Leyó libros sobre educación de los hijos, en busca de soluciones. Vivía con una preocupación constante, pensando: "Tengo que hacer algo para resolver este problema, antes de que se salga de todo control."

Hay una forma mejor. Es absolutamente bíblico que la madre alzara las manos y exclamara: "Es demasiado. He hecho todo lo que he podido; no sé a dónde acudir ni qué hacer. Nadie me puede ayudar; por esto permaneceré junto a Jesús, fijaré mis ojos en Él, y confiaré en que me sacará de esto."

Una pareja llena de confusión estaba a punto de echarlo todo por la borda. Deseaban darle a Jesús el ciento por ciento, pero se habían visto influidos por una predicación legalista del temor, lo cual los había esclavizado. Se vieron conducidos hacia el Movimiento Carismático, con la esperanza de encontrar gozo y plenitud. Un predicador les advirtió: "Jesús dice que deben ser perfectos. Nunca nos pediría que hiciéramos algo que no podemos hacer. Decir que uno puede pecar un poco cada día es una excusa." Otro predicador dijo: "Si no obedecen en todo, Jesús no los puede salvar." Otro agregó: "La obediencia diferida es desobediencia. Cualquier desobediencia puede condenarlos." Ahora se sienten preocupados por todas las cosas que olvidaron hacer, o sus imperfecciones y batallas diarias con la carne, y se sienten derrotados.

Hace poco encontraron la siguiente advertencia en la carta circular de un evangelista:

> En el Día del Juicio habrá muchos cristianos que han estado asistiendo a la iglesia tres veces por semana, han hablado en lenguas, han profetizado, han enseñado en la Escuela Dominical y han servido como diáconos, que no han leído lo suficiente la Biblia ni han orado lo suficiente. Dios está enojado con quienes pecan a diario. Quiere castigarlos eternamente. No hay esperanza a no ser que dejen absolutamente de pecar.

Ahora también están preocupados por no haber orado, ofrendado y leído la Biblia lo suficiente para agradar a Dios. Viven en constante temor. Les han dicho muchas cosas acerca del temor que experimentan. Unos han afirmado que el "demonio del temor" se ha posesionado de ellos. Otros les han dicho que son culpables de una "confesión equivocada" y les han insistido en que "no acepten el temor". "Simplemente confiesen la victoria —les dijeron—, y todo se resolverá."

La esposa decía: "Nos sentimos tan mal en medio de todos los esfuerzos que hacemos por purificarnos para Dios. Todas las noches evaluamos el día y siempre sentimos que Dios no está contento, porque de alguna manera hemos fallado en comportarnos bien, en confesar bien, en hacer las cosas bien. Prometemos hacerlo mejor al día siguiente, pero son cosas que nos hacen desear dejarlo todo, ya no seguir tratando. Hemos perdido el sentido de paz y seguridad. Ésta no es una vida abundante; es temor. ¿Acaso la cruz de Jesús no significa más que esto?"

¿Qué deberían hacer? Se preguntan ahora quién tiene razón: los carismáticos o los bautistas. Su fe se ha visto sacudida, y han perdido el sentido de dirección. ¿Qué maestro tiene razón? Todos parecen tener muy buenos argumentos y una gran cantidad de textos bíblicos para demostrar sus afirmaciones. ¿Qué es santidad? ¿Qué espera Dios? ¿Lo hizo todo Dios en la cruz, o tengo que movilizar mi propia fortaleza y desarrollar mi propia salvación con temor y temblor? ¡Resulta muy confuso!

Mi respuesta: admitir que estamos confundidos. No busquemos respuestas fáciles a todas las preguntas. No andemos buscando a maestros que nos den soluciones y respuestas. ¿No sabemos qué hacer ni a dónde acudir? ¡Bien! ¡Muy bien! En ese momento estamos dispuestos a hacerlo a la manera de Dios. Ahora podemos decir con Pablo: "Me propuse no saber cosa alguna sino a Jesucristo, y a éste crucificado" (*Véase* 1 Corintios 2:2). Dejemos de buscar a predicadores y maestros; vayamos personalmente al Señor. Fijemos los ojos en Él, y, con Josafat, exclamemos: "¡Mis ojos están puestos en ti!"

Una pareja estaba tratando de salvar su matrimonio. Habían estado casados quince años, y los últimos cinco habían resultado insoportables. Ambos habían hecho cosas inconfesables, y ambos habían sido culpables de tomar a la ligera sus promesas. Él la engañó, y ella "casi". Durante cinco años han tratado de perdonarse, pero el matrimonio no les está resultando satisfactorio. Se han vuelto a prometer amarse, pero ambos saben que algo anda mal. No saben identificar exactamente qué; se sienten solos, incluso cuando están juntos. No se buscan, y cuanto más lo intentan, más frustrados se sienten. Por una semana todo parece salir bien, como si todos los problemas se hubieran resuelto; entonces, de repente todo se derrumba, y vuelven la ira y el rencor. Ella se acuesta llorando; él piensa en darse por vencido. En cierto modo, siguen sintiendo atracción mutua. Por otro lado, parecen ser alérgicos el uno al otro. Han tratado de analizar los problemas y conversar acerca de ellos; han hecho promesas que no han sabido cumplir; han leído libros, en busca de ayuda; han ido a ver a un consejero matrimonial. Pero nada lleva a una solución honesta. Ambos han llegado a un punto en el que no hay vuelta de hoja. Sencillamente no saben qué hacer ni a dónde ir.

¿Hay alguna solución? Pienso que sí. Todas las parejas, incluso las buenas, pasan por períodos de tensión. Pero algunos matrimonios no tienen salvación, fuera de algún milagro verdadero. Cuando dos personas lo han intentado todo, cuando caen en la cuenta de que no ya no tienen a dónde acudir en busca de ayuda, cuando la confusión y el miedo se apoderan de ellos, es cuando Dios tiene que intervenir. Una vez más, todo lo que se puede hacer en semejante crisis es lo que hizo el Rey Josafat. No le tengamos miedo a la confusión. No somos los únicos que nos sentimos acorralados. Dios se especializa en casos desesperados. Dios asume el control cuando renunciamos a tratar de solucionar el problema por nosotros mismos. Esta pareja con una vida matrimonial a punto de naufragar debe dejar de buscar ayuda fuera del Señor. Debe entregar sus problemas y sus vidas al Señor y orar: "Dios mío, todo esto supera nuestras fuerzas. Lo hemos intentado, y hemos fracasado. Parece que no tiene solución, de modo que sólo permanceremos en tu presencia para buscar ayuda sólo en ti. Eres tú, Señor, o nada. Nuestros ojos permanecerán fijos en ti."

Los que me leen también se enfrentan con crisis en las que no saben qué hacer ni dónde buscar ayuda. ¿Se nos ha presentado una crisis financiera? ¿Vivimos en una situación familiar que nos destroza el espíritu? ¿Nos han ofendido los hijos, o alguno de ellos nos ha hecho sentirnos angustiados? ¿Nos ha conducido alguna enfermedad o dolor hasta el valle de la muerte? ¿Hemos perdido el trabajo? ¿Se ve el futuro como inseguro y amenazador? ¿Está en crisis nuestro matrimonio? ¿Nos ha dejado la muerte de un ser querido deprimidos, solos y vacíos? ¿Nos ha dejado el divorcio sintiéndonos como una fracaso repudiable?

¿Nos sentimos abrumados en este mismo momento? ¿Hemos intentado resolverlo, y a pesar de ello nada parece servir? ¿Nos hemos cansado de intentar? ¿Hemos casi decidido que no tenemos salida? ¿Hemos llegado al final de nuestras fuerzas? ¿Nos hemos dicho: "Ya no sé qué hacer."?

Vivimos en una época en la que todo parece volverse inestable e inseguro, y casi todo el mundo tiene algún sufrimiento.

Ya casi nadie sabe qué hacer. Nuestros líderes no tienen ni idea de lo que le está sucediendo a este mundo o a la economía. Nadie puede predecir el futuro.

El mundo de los negocios está todavía más confuso; los economistas discuten entre sí acerca de lo que se nos viene encima. No hay un solo hombre de negocios o economista en el mundo que sepa con seguridad hacia donde vamos.

Los sicólogos y siquiatras están desconcertados ante las fuerzas cambiantes que están afectando a las personas. Observan las rupturas de hogares y matrimonios y se sienten tan confundidos como los demás acerca de por qué sucede. Las razones que alegan se contradicen unas a otras.

Incluso puede resultar confuso para los cristianos. Los ministros nos advierten que debemos enfrentar nuestros problemas buscando en la Biblia, encontrando nuestras propias respuestas. Pero la Biblia no siempre dice en forma directa "debes hacer tal cosa." No siempre se encuentra una respuesta para el problema concreto que nos afecta. A veces, a no ser que el Espíritu nos dé una revelación especial, nos podemos sentir confundidos con versículos que parecen, a primera vista, ser contradictorios. En un lugar leemos: "Vende todo lo que tienes y dalo a los pobres." Luego leemos: "Si alguien descuida su casa, es peor que el infiel y ha negado su fe." Si lo vendemos todo para dárselo a los pobres, ¿cómo nos va a quedar algo para proveer adecuadamente a los nuestros?

Creámoslo o no, incluso los santos más grandes que han vivido no entendieron plenamente la batalla entre la carne y el espíritu. ¿Por qué tenemos tantas denominaciones? ¿Por qué hay tantas disputas acerca de bautismos, doctrinas y moralidad? Sencillamente porque los hombres de hoy siguen estando confundidos e inseguros. Podemos pensar que nuestra iglesia tiene todas las respuestas, todo la verdad y nada más que la verdad. ¡Pero no es así! Seguimos en las tinieblas acerca de muchas cosas. Todos llegamos en algún momento a un lugar, como el Rey Josafat. El enemigo nos ataca. Algunos le hacen frente, como si no temieran, como si no tuvieran preguntas ni problemas; pero son los que internamente pelean las peores batallas. A menudo los que juzgan a todos los demás y que parecen tan santos y justos delante de los demás, están librando una guerra con los deseos, en lo más profundo de su ser.

Sí, todos sufrimos de alguna forma. Todos tenemos necesidad. Todos llegamos al punto de pánico cuando el corazón exclama: "¿Qué hago ahora?"

Algunas personas piensan que no deberíamos confesar que también nosotros tenemos que luchar. Pero también yo a veces me siento espiritualmente seco. Caigo en la oscuridad y confusión, alguna vez. Con José, puedo confesar: "La Palabra me prueba." No soy mejor ni peor que cualquiera de los que me leen. También las personas más santas sufren. Sé por lo que pasó el Rey Josafat. También yo me he encontrado en situación parecida, cuando he exclamado a voz en cuello: "¡No sé qué hacer, por eso fijaré mis ojos en Él!"

¡Uno no se cruza de brazos, y se sienta cómodamente, para dejar que Dios lo haga todo! No es esto lo que significa fijar los ojos en el Señor. Miramos al Señor, no como personas que saben qué tienen que hacer, sino como personas que no saben para nada lo que deben hacer. Sabemos que Dios es el Rey que está por encima de todo. Es Señor de todas las cosas, y sabemos, incluso si el mundo se parte en dos, incluso si todo se derrumba, que Él es Roca de certidumbre. Nuestros ojos están fijos en un Señor resucitado. Si no sabemos qué hacer, nuestra fe nos garantiza que Él sí sabe qué hacer.

Dietrich Bonhoeffer, el teólogo alemán, describió al cristiano como a alguien que trata de atravesar un océano lleno de témpanos de hielo. Este cristiano no puede detenerse en ningún lugar mientras cruza, excepto en su fe de que Dios lo hará llegar a su destino. No puede quedarse de pie por mucho tiempo en ningún lugar, a riesgo de hundirse. Después de dar un paso, debe mirar con cuidado cómo dar el siguiente. Debajo de él hay un abismo, y delante de él hay inseguridad, pero siempre delante de él está el Señor, firme y seguro. Todavía no ve tierra firme, pero ahí está, una promesa en su corazón. Por esto el viajero cristiano mantiene los ojos fijos en su destino final.

Prefiero pensar en una vida más abundante y gozosa que lo que indica esa descripción. Me imagino la vida como un viaje por el desierto como el de los israelitas. Y me imagino la batalla del Rey Josafat, junto con todos los hijos de Judá, como nuestra batalla. Sin duda que es un desierto. Sí, hay serpientes, escasez de agua, valles de lágrimas, ejércitos enemigos, arenas ardientes, sequía y montañas inaccesibles. Pero cuando los hijos del Señor se quedaron quietos para ver la salvación que les brindaba, les preparó la mesa en ese desierto y les hizo descender maná. Destruyó a los ejércitos enemigos sólo con su poder. Sacó agua de las rocas, eliminó el veneno de las serpientes, los refrescó con lluvia y rocío, los fue guiando con columnas de fuego y nubes, les dio leche y miel, y los condujo a una tierra prometida, con mano fuerte y dominante. Dios les advirtió que se lo contaran a todas las generaciones futuras: " . . . no con ejército, ni con fuerza, sino con mi Espíritu, ha dicho Jehová de los ejércitos" (Zacarías 4:6).

Un periodista me pidió que respondiera a una pregunta acerca de la presión que ejercían sobre la iglesia las agencias gubernamentales. "¿No están tratando de imponer impuestos a todos los ministerios evangélicos? ¿No llegará el día en que el gobierno sofocará los esfuerzos misioneros y evangélicos? ¿Qué harán entonces, cuando vean que se están preparando estas cosas?"

Contesté: "Nos veremos obligados a regresar a trabajar como Jesús lo hizo. Probablemente llegará el día en que yo y todos mis amigos ministros tendremos que dejar de hacer evangelismo como si fuera una empresa comercial para volver a los métodos del Nuevo Testamento. Nos veremos obligados a abandonar métodos caros para volver a buscar a los pecadores por las calles, como lo hizo Jesús. Mientras tengamos los ojos puestos en Jesús, nadie nunca impedirá que sea predicado su mensaje."

Por esto Jesús dijo: "Yo soy el camino"

¡Dejemos de buscar! Dejemos de procurarnos ayuda en lugares equivocados. Entremos a solas con Jesús en un lugar secreto, y contémosle nuestra confusión. Digámosle que no tenemos a dónde ir. Digámosle que confiamos en que sólo Él nos sacará de la situación. Nos sentiremos tentados de tomar el asunto por nuestra cuenta. Querremos encontrar soluciones propias. Nos preguntaremos si Dios siquiera se preocupa; no habrá señales de que las cosas estén cambiando. Nuestra fe se verá puesta a prueba hasta el límite. Pero de todos modos, nada funciona, de modo que no hay nada que perder. Pedro lo resumió: " . . . ¿a quién iremos? Tú tienes palabras de vida eterna" (Juan 6:68).

Puestos los ojos en Jesús, el autor y consumador de la fe . . .

Hebreos 12:2

Mirad a mí, y sed salvos, todos los términos de la tierra, porque yo soy Dios, y no hay más.

Isaías 45:22

. . . los que buscáis a Jehová. Mirad a la piedra de donde fuisteis cortados . . .

Isaías 51:1

Mas yo a Jehová miraré, esperare al Dios de mi salvación; el Dios mío me oirá.

Miqueas 7:7

No tendrá temor de malas noticias; su corazón está firme, confiado en Jehová.

Salmo 112:7

¿Quién hay entre vosotros que teme a Jehová, y oye la voz de su siervo? El que anda en tinieblas y carece de luz, confíe en el nombre de Jehová, y apóyese en su Dios.

Isaías 50:10

11

DIOS NOS PUEDE UTILIZAR A PESAR DE NUESTRAS DEBILIDADES

Dios tiene la intención de cumplir sus propósitos, aquí en la tierra, por medio de personas con debilidades. Isaías, el gran luchador por medio de la oración, fue hombre de pasiones como todos, lo cual significa que, como todos nosotros, fue débil y vulnerable. David, el hombre según el corazón de Dios, fue un adúltero homicida que no tuvo ningún derecho moral a ninguna de las bendiciones de Dios. Pedro negó al mismo Señor Dios de los cielos, afirmando no conocía al que más lo amaba. Abraham, el padre de las naciones, vivió una mentira, utilizando a su esposa como prenda para salvar su propia vida. Jacob fue un intrigante. Pablo fue impaciente y duro con los conversos y colegas que no estuvieran a la altura de su estilo ascético de vida. Adán y Eva convirtieron un perfecto arreglo matrimonial en una pesadilla. Salomón, el hombre más sabio de la tierra, hizo algunas de las cosas más absurdas que jamás se hayan narrado en la historia. Samuel asesinó al Rey Agag en un arrebato de ira, en una demostración excesiva de justicia. José se burló de sus hermanos extraviados casi con gusto infantil, hasta que sus artimañas por poco se vuelven contra él. Jonás quiso ver consumirse en fuego a toda una ciudad para justificar las profecías que había pronunciado contra ella; repudió la misericordia de Dios para con los arrepentidos. Lot ofreció a sus dos hijas vírgenes a una multitud de sodomitas obsesionados con el sexo.

La lista de personas que amaron a Dios, de personas que Dios utilizó mucho, que casi cayeron arrastradas por sus debilidades, es interminable. Pero Dios siempre estuvo ahí, diciéndoles: "Te llamé; ¡estaré contigo! ¡Eliminaré la maldad de tu corazón! ¡Cumpliré mi voluntad, a pesar de todo!"

El tesoro de Dios está en vasos de barro

Uno de los textos bíblicos más estimulantes es 2 Corintios 4:7: "Pero tenemos este tesoro en vasos de barro, para que la excelencia del poder sea de Dios, y no de nosotros." Luego Pablo pasa a describir estos vasos de barro como personas moribundas, atribuladas en todo, en apuros, perseguidas, derribadas. Aunque nunca fueron olvidadas ni se desesperaron, esas personas que Dios utilizó gemían constantemente bajo la carga de su cuerpo, esperando con ansia ser revestidos de un cuerpo nuevo.

Dios se mofa del poder del ser humano. Se ríe de nuestros esfuerzos egoístas por ser buenos. Nunca utiliza a los elevados y poderosos, sino a lo débil de este mundo para confundir al sabio.

> Pues mirad, hermanos, vuestra vocación, que no sois muchos sabios según la carne, ni muchos poderosos, ni muchos nobles; sino que lo necio del mundo escogió Dios, para avergonzar a los sabios; y lo débil del mundo escogió Dios, para avergonzar a lo fuerte; y lo vil del mundo y lo menospreciado escogió Dios, y lo que no es, para deshacer lo que es, a fin de que nadie se jacte en su presencia.
>
> 1 Corintios 1:26-29

¡Vaya! ¡Cómo me describe todo esto! ¡Lo débil! ¡Lo necio! ¡Lo menospreciado! ¡Algo no muy noble, ni muy inteligente, ni muy poderoso! ¡Que locura pensar que Dios pudiera utilizar a semejante criatura! Pero este es su plan perfecto y el mayor misterio de la tierra. Dios nos llama por nuestra debilidad, incluso sabiendo que nos equivocaremos. Coloca su tesoro incomparable en estos vasos de barro nuestros, porque se complace en hacer lo imposible con nada.

Dios se complace en utilizar fracasos

Dios se complace en utilizar a hombres y mujeres que piensan que no saben hacer nada bien. Una mujer me escribió no hace mucho para decirme:

Yo soy la persona número uno del mundo en fracasos. Mi matrimonio se está derrumbando. Parece que todo lo que hago para educar a mis hijos está mal. No soy muy buena en nada. Ni siquiera sé estudiar muy bien la Biblia. La mayor parte de lo que dice no lo entiendo. Siento como que no valgo nada para nadie. No he sido una buena esposa, una buena madre, una buena cristiana. Sin duda soy el fracaso más grande del mundo.

Esta es precisamente la clase de persona que el Señor busca: alguien que sabe que si algo bueno se logra por medio de ella, ha de ser Dios. Todos los cristianos brillantes que van apantallando a las personas con sus grandes capacidades nunca impresionan a Dios. Miró a un hombre lleno de artimañas, mezquino, tímido, llamado Jacob y dijo: "No temas, gusano de Jacob . . . yo soy tu socorro . . . He aquí que yo te he puesto por trillo, trillo nuevo, lleno de dientes . . . tu te regocijarás en Jehová . . . " (Isaías 41:14-16).

Las personas a menudo utilizan a Dios para alcanzar fortuna, fama, honor y respeto. Se utilizan el talento, la personalidad y la habilidad para hacer avanzar el reino de Dios, pero a Dios todo esto no lo impresiona. Su fuerza se perfecciona en los débiles.

Cuando digo debilidad, no quiero decir sensualidad

Dios *no* utiliza a personas débiles en justicia. La debilidad de alguien lo puede conducir al adulterio, al juego, a la bebida y a toda clase de desenfrenos. Dios no se está refiriendo a esta clase de debilidad. Cuando llama al vil, no se está refiriendo al malo.

La debilidad de la que Dios habla es nuestra incapacidad humana de obedecer sus mandamientos con nuestras propias fuerzas. Dios nos llama a una vida de santidad y separación. Nos dice que podemos estar libres de la esclavitud del pecado. Su Palabra promete liberación del poder del pecado, y también perdón. La Palabra de Dios nos llega con algunos desafíos imposibles: "¡Resistid al diablo! ¡Andad en el Espíritu! ¡Salid de ellos! ¡No cometed adulterio! ¡Amad a vuestros enemigos! ¡Venid al reposo! ¡Abandonad todos vuestros temores! ¡Rechazad todos los deseos carnales! ¡No permitáis que ningún pecado os domine! ¡Comportaos como Él lo hizo en este mundo! ¡Venced el egoísmo, el orgullo y la envidia! ¡No pequéis!"

¿Sabemos cómo responder a esta invitación? Pensemos sinceramente en cuán poco podemos conseguir por nosotros mismos en cuanto al cumplimiento de estos desafíos; entonces caeremos en la cuenta de cuán débiles somos. Nuestro corazón comienza a clamar: "Señor, ¿cómo puedo lograr cosas tan grandes y santas? ¿Cómo es posible hacer todo esto?" No hay forma de poder cumplir con estos mandamientos y desafíos con nuestra propia fortaleza y conocimientos. El llamamiento a la santidad atemoriza y perturba. Sabemos lo que Dios pide de nosotros, pero no parece que sepamos cómo cumplirlo.

Algunos piensan que lo pueden lograr por sí solos, de modo que procuran movilizar todos sus recursos internos. Aprietan los dientes y ponen a funcionar todas las capacidades humanas. Comienzan con gran energía y decisión, apoyándose en todo lo que tienen y toman el problema en sus manos. Tratan de obedecer, o mueren en el intento. Por un tiempo funcionan, hasta que Dios se cruza en su camino. Hace fracasar todos los planes y esfuerzos de la carne. Llega el fracaso, precisamente cuando todo parecía andar muy bien. Estos cristianos que lo quieren hacer todo por sí mismos acaban frustrados, indefensos y débiles.

¡Entonces es cuando nuestro Señor se hace cargo! Llega con un mensaje tan consolador: "Dejen de lado sus armas. Dejen de ser tan fuertes y autosuficientes. Yo soy su arma, su única arma. Yo soy su fortaleza. Déjenme hacer lo que nunca podrán hacer solos. No se espera que lo hagan por sí mismos. Debo hacerlo yo, para que así me glorifiquen sólo a mí. Les daré mi justicia, mi santidad, mi descanso y mi fortaleza. No se pueden salvar por sí mismos; no pueden resolver nada por sí mismos; no me pueden agradar de ninguna otra forma que no sea recibiendo las bendiciones de la cruz, por fe. Déjenme que me haga cargo de su crecimiento en santidad."

Si tenemos demasiadas cosas a nuestro favor, Dios no puede actuar

Gedeón es ejemplo de un hombre llamado que tuvo demasiadas cosas a su favor. Fue llamado a liberar a los hijos de Dios de la esclavitud. ¿Qué hizo? Hizo tocar las trompetas para convocar a un poderosos ejército. Millares de hombres valientes se movilizaron bajo su estandarte, pero Dios le dijo a Gedeón: "Tu ejército es demasiado grande; tienes demasiados hombres, demasiada fuerza. Dispérsalos. Si triunfas con toda esta manifestación de fuerza, tú y tu pueblo podrían pensar que han vencido por vuestros propios recursos. Tienes demasiadas cosas a tu favor, y no quiero que me robes la gloria. ¡Reduce el ejército!"

Uno a uno, esos hombres fueron abandonando el ejército de Gedeón. Éste tuvo que estar pensando: "¡Qué ridículo! ¿Triunfar debilitándonos? Dios me llama a que pelee, y luego me pide que me desarme. ¡Locura! Esto es lo más tonto que Dios me ha pedido que haga en mi vida. Ahí se acaba mi plan de convertirme en una leyenda de mi época."

Esos soldados deben haber abandonado el campo de batalla, estremecidos de sorpresa. ¿Quién había oído jamás que se ganaban las batallas desarmándose y sin hombres?

Desde un punto de vista humano, es insensato pensar que se pueden conseguir grandes triunfos con un puñado de hombres, que las murallas pueden sucumbir sin disparar ni una salva, que los ejércitos huirán ante una banda multicolor de trompetistas. Con el poder de la fe sola, los débiles confunden al mundo.

El camino a la santidad es la humildad

Por muy poderosa y honorable que sea una persona, Dios no la puede utilizar hasta que se acerque a Dios con humildad y renuncie a sus ídolos. El orgullo humano debe ser aplastado. Debe silenciarse toda nuestra jactancia. Todos nuestros pensamientos y planes deben abandonarse. Todos los logros humanos deben reconocerse por lo que son: harapos sucios y hedor para el olfato de Dios.

La persona debe volverse impotente, indefensa y sin esperanza en sí misma. Debe acudir con temor y temblor a la cruz y clamar: "Sé tú el Señor de mi vida."

También hay una debilidad de la carne

Hay cristianos que le fallan al Señor. Lo aman muchísimo; se preocupan por no ofenderlo; pero, a pesar de su amor y de sus buenas intenciones, caen en pecado. Incluso ministros cometen adulterio. Muchísimos cristianos luchan internamente contra los deseos. Sus pasiones los derrotan y se convierten en víctimas de deseos avasalladores. Son modernas Betsabés y Dalilas, y también hombres de Dios a los que incitan y engañan.

Algunos de estos hijos débiles del Señor son culpables del pecado de Pedro: han negado al Señor que los llamó. Otros se ven abrumados por el sentimiento de culpa y de condenación de pecados secretos. Sólo Dios conoce las batallas que libran hombres y mujeres de entre los más estimados que se pueden encontrar en la iglesia. Quienes pelean las batallas más violentas a menudo dedican mucho tiempo a clamar contra los pecados de otros, sobre todo para desviar la atención de sus propias luchas con la carne.

¿Abandona Dios a alguno de sus hijos que libra batalla contra algunas pasiones violentas? ¿Retira Dios su Espíritu antes de lograr el triunfo? ¿Se mantiene el Señor cerca observando, como si dijera: "Sabes lo que espero de ti. Conoces mis leyes y mandamientos. Cuando los cumplas, te liberarás de los deseos, y entonces derramaré sobre ti un río de bendiciones. Hasta entonces, tú tienes que hacerlo?"

¡Nunca! ¡Nunca! Por el contrario, nuestro Señor viene a nosotros en nuestros momentos de debilidad, con las manchas del pecado por todas nuestras vestiduras, y susurra: "Mi fortaleza es para ti en este tu momento de debilidad. No te rindas. No tengas miedo. No te alejes. No me excluyas. ¿Hay en ti pesar piadoso? ¿Desprecias lo que hiciste? ¿Quieres triunfar? Sigue adelante conmigo. Sigue acercándote a mí. Mis brazos siguen extendidos, como una gallina cobija a sus polluelos. Ven, te protegeré del enemigo."

Las personas se rinden porque se sienten tan débiles ante el poder del enemigo. Se preguntan: "¿Por qué no desciende Dios para arrancarme esta cosa tan fea?"

Parecemos olvidar que Dios a menudo nos guía por caminos que dan rodeos; rara vez se nos permite caminar recto hacia la Tierra Prometida. Tenemos que aprender lecciones de fe. Las tentaciones del desierto le brindan a Dios una forma de mostrar su poder para liberar. Sólo los cristianos que han pasado por sufrimiento, fuegos de tentación y agonía de la derrota pueden realmente ayudar a otros que sufren.

Vi a Israel Narváez, ex líder de la pandilla Mau Mau, arrodillarse para recibir a Cristo como Señor. No fue sólo una experiencia emocional, superficial; realmente se entregó. Pero Israel volvió a la pandilla y acabó en la cárcel como cómplice de asesinato. ¿Lo abandonó Dios? ¡Ni un instante! Hoy Israel es ministro del evangelio, después de haber aceptado el amor y perdón de un Salvador paciente.

¿Hemos fallado? ¿Hay algún pecado que nos acosa? ¿Nos sentimos como cobardes enclenques, incapaces de conseguir el triunfo sobre nuestro pecado secreto? Con esa debilidad en nosotros, ¿hay también un hambre constante de Dios? ¿Lo anhelamos, lo amamos, lo buscamos? ¡El hambre y la sed son la clave del triunfo! Eso nos hace diferentes de todos los otros que han sido culpables de haberle fallado a Dios. Esto nos sitúa en lugar aparte. Debemos mantener viva el hambre. Debemos seguir teniendo sed de justicia. Nunca justifiquemos nuestra debilidad; nunca nos rindamos; nunca la aceptemos como parte de nuestra vida.

Sólo una cosa funciona

La fe es nuestro triunfo. Abraham tuvo debilidades: mintió, y casi hizo que su esposa adulterara, pero Abraham " . . . creyó . . . a Dios, y le fue contado por justicia" (Romanos 4:3). Dios no quiso contar contra él su pecado, porque creyó.

Claro que nosotros hemos fallado, quizá ayer, u hoy. ¡Gravemente! ¡Vergonzosamente! Pero, ¿creemos que Dios tiene el poder de liberarnos de verdad del poder del pecado? ¿Creemos que la cruz de Cristo significa que ha sido rota la esclavitud del pecado? ¿Aceptamos el hecho de que ha prometido librarnos de las trampas de Satanás?

Permítanme decir exactamente dónde creo que se encuentra el triunfo. Dejar que nuestra fe aumente. Permitir que nuestro corazón acepte todas las promesas de triunfo en Jesús. Entonces dejemos que nuestra fe diga a nuestro corazón: "Quizá no soy todavía lo que deseo ser, pero Dios está actuando en mí, y Él tiene el poder de liberarme del pecado. Voy a continuar mi aproximación hacia el Señor, hasta que por fin quede libre. Quizá sea poco a poco, pero llegará el día en que la fe prevalecerá. No siempre seré esclavo. No soy una marioneta del diablo. Soy un hijo débil de Dios, que anhela la fortaleza de Jesús. No voy a ser otra víctima del diablo. Voy a salir de todo como oro refinado, sometido a la prueba del fuego. Dios está conmigo. Yo también me entrego al que puede impedir que caiga para presentarme sin falta delante del trono de Dios con un gozo extraordinariamente grande."

12

DIOS NO SE HA OLVIDADO DE NOSOTROS

En mis huesos siento ardiendo un mensaje enardecido. Es un mensaje que todos los cristianos necesitan oír, sobre todo en esta época de tentaciones violentas y sufrimientos agobiantes.

El mensaje que ofrezco del Señor es sencillamente éste: *¡Dios no nos ha olvidado!* Sabe exactamente dónde está cada uno de nosotros y por lo que estamos pasando ahora mismo, y está vigilando cada paso que damos en nuestra andar. Pero somos como los hijos de Israel, que dudaron del cuidado cotidiano de Dios, aunque se les enviaban profetas para que les comunicaran maravillosas promesas de lo alto.

El pueblo de Dios permanecía en tinieblas, hambriento y sediento, pidiendo liberación y consuelo. Dios vio sus lágrimas, oyó su clamor y respondió: "Te guardaré . . . no tendrás hambre ni sed . . . tendré misericordia de ti y te conduciré a manantiales de aguas vivas . . . porque el Señor consolará a su pueblo y tendrá misericordia de los que sufren" (*Véase* Isaías 49). ¿Se regocijó Israel en estas promesas que le llegaron directamente del trono de Dios? ¿Dejó el pueblo de Dios de preocuparse para comenzar a confiar en que el Señor los sacaría de la prueba? ¿Creyeron los que se sentían heridos y confundidos una sola palabra de estas promesas. ¡No! Pero Sión dijo: "Me dejó Jehová, y el Señor se olvidó de mí" (Isaías 49:14).

No se trataba de réprobos ni de hijos del diablo. Antes bien, eran "los que buscaban al Señor . . . los hijos de Abraham . . . los que conocían la justicia . . . en cuyo corazón moraba la ley de Dios . . . " ¿Con cuánta mayor claridad debe Dios comunicar su Palabra a estos hijos pertinaces, incrédulos? Dios estaba muy preocupado porque no estaban haciendo suyas sus promesas ni las escuchaban. Casi se puede sentir la impaciencia del Señor al reprender su incredulidad:

> Yo, yo soy vuestro consolador. ¿Quién eres tú para que tengas temor del hombre? . . . Y ya te has olvidado de Jehová tu Hacedor, que extendió los cielos y fundó la tierra; y todo el día temiste continuamente del furor del que aflige, cuando se disponía para destruir . . .
>
> Isaías 51:12, 13

Sencillamente olvidamos las promesas de Dios

¿Nos resulta familiar todo esto? Aquí estamos hoy día, como hijos del mismo Dios santo, poseedores de la gloriosa promesa del consuelo del Espíritu Santo; a pesar de ello vivimos, a diario, con temor del opresor. Sabemos que nuestro Señor nos ha prometido: dirección, paz, refugio en la tempestad, un camino donde parece que no queda ninguna senda, satisfacción de todas las necesidades, sanidad de todas las heridas. ¿Creemos en todo esto? ¿Nos quitamos estas promesas de la mente para seguir nuestro propio camino, preocupándonos y desgastándonos y tomando los problemas en nuestras manos? ¡Me temo que sí! Y todos somos iguales. Nos metemos en situaciones difíciles; nos sentimos solitarios y deprimidos; caemos en tentaciones y cedemos ante los deseos; cometemos errores trágicos y vivimos llenos de culpa y terror; y en medio de todo ello, decidimos olvidar todo lo que Dios nos ha prometido. Olvidamos servir a Dios, quien puso los cimientos mismos de esta tierra. Olvidamos que nuestro Padre es omnipotente, y que todo lo que existe lo hizo Él. Sólo vemos nuestros problemas. Nuestros temores nos impiden ver su poder y gloria. Nos asustamos; caemos en el pánico; cuestionamos; dudamos.

Olvidamos, en nuestra hora de necesidad, que Dios nos sostiene en la palma de su mano. En lugar de ello, como hijos de Israel, sentimos miedo de que lo vamos a echar a perder todo y de que el enemigo nos destruirá. Cuán difícil debe ser para nuestro amante Padre comprender por qué no confiamos en él cuando nos encontramos hundidos y en medio de la necesidad. Dios debe pensar: "¿Acaso no saben que los sostengo en la palma de mis manos? No podría olvidarlos en sus momentos de necesidad más de lo que una madre podría olvidar a su bebé ... y aunque fuera posible que una madre se olvidara de su hijo, yo no puedo olvidarme de ninguno de los hijos míos (*Véase* Isaías 49:15, 16).

El pecado de los cristianos es la incredulidad

Dios salió repetidas veces al encuentro de Israel para pedirle que confiara y se entregara a él en tiempos de crisis. "Porque así dijo Jehová el Señor, el Santo de Israel: En descanso y en reposo seréis salvos; en quietud y en confianza será vuestra fortaleza. *Y no quisisteis*" (Isaías 30:15, cursivas añadidas). Dios les dijo: "No pedisteis de mi boca ni orasteis pidiendo ayuda y direccón. No esperasteis que os ayudara. No volvisteis a mí en busca de ayuda y fortaleza cuando realmente lo necesitabais. No aceptasteis mi consejo; no esperasteis a que actuara. No esperasteis esa mansa palabra que os susurra al oído, 'Este es el camino; andad en él.' No creísteis en que mi poderoso brazo os podría liberar. No invocasteis mi nombre ni descansasteis en la sombra de mi palma. ¡No! Tomasteis vuestros problemas en vuestras manos; dependisteis de otros; confiasteis en vuestros propios pensamientos. Generasteis paja y vuestro propio fuego la consumió."

Dios parece que por fin le grita a Israel:

> Inquirid en el libro de Jehová, y leed si faltó alguno de ellos ... porque su boca mandó ... Fortaleced las manos cansadas, afirmad las rodillas endebles. Decid a los de corazón apocado: Esforzaos, no temáis; he aquí que vuestro Dios viene con retribución, con pago; Dios mismo vendrá. y os salvará ... Y huirán la tristeza y el gemido.
>
> Isaías 34:16; 35:3, 4, 10

Me parece que incluso el Nuevo Testamento se hace eco del desagrado que Dios siente por la incredulidad:

> ... pida con fe, no dudando nada; porque el que duda es semejante a la onda del mar, que es arrastrada por el viento y echada de una parte a otra. No piense,

pues, quien tal haga, que recibirá cosa alguna del
Señor. El hombre de doble ánimo es inconstante en
todos sus caminos.

Santiago 1:6-8

Jesús se preocupó de que cuando regresara a esta tierra, iba
a encontrar que no quedaba fe alguna. Acababa de concluir un
mensaje acerca de lo cierto que es que Dios responde a la oración.
Había prometido que el Padre celestial rápidamente " . . . hará
justicia [y responderá] a sus escogidos, que claman a él día y
noche . . . (Lucas 18:7). Debe haber sido con un corazón muy
cargado que Jesús dijo lo siguiente: "Os digo que pronto les hará
justicia. Pero cuando venga el Hijo del Hombre, ¿hallará fe en
la tierra?" (Lucas 18:8).

Hemos comenzado a dudar que Dios sigue respondiendo a la oración

¿Pudiera ser que continuamos en nuestro sufrimiento, en
nuestro pecado o viviendo derrotados y fracasados, sencillamente porque en realidad no creemos que Dios siga respondiendo a
nuestras oraciones?

¿Somos tan culpables como los hijos de Israel de pensar que
Dios nos ha olvidado? ¿Estamos actuando como si el Señor nos
hubiera olvidado y abandonado a nuestros propios recursos,
para resolver nuestros propios problemas? ¿Creemos realmente
que nuestro Señor dijo de verdad que Dios actuará a tiempo, en
respuesta a nuestra oración de fe? Jesús da a entender que la
mayoría de nosotros, aunque llamados y escogidos, no confiare-
mos en Él cuando regrese. Algunos de entre el pueblo de Dios
ya han perdido la confianza en Él. No creen, en lo más profundo
del alma, que sus oraciones hagan ninguna diferencia. Actúan
como si estuvieran sólo por su cuenta.

En vez de someternos al Señor con tranquila confianza y
apoyándonos en sus promesas, tratamos de resolverlo todo por
nosotros mismos. Entonces, cuando nuestra forma de hacer las
cosas fracasa, nos enfadamos con Dios.

Una joven divorciada confesaba: "Casi salí a emborracharme
esta noche. Había estado orando durante un año para que mi
marido regresara, pero, en lugar de volver a mí, se ha juntado

con otra mujer. Dios no respondió a mi oración, de modo que pensé en salir a emborracharme para demostrrle lo enojada que estoy." ¡Qué lástima! Está dispuesta a echárselo en cara a Dios porque no respondió a su oración a la manera de ella, según su propio calendario. Al igual que muchos otros que le piden favores a Dios, sólo deseaba una cosa: alivio de su soledad y desahogo para sus necesidades sexuales. No deseaba nada más de Jesús ni más santidad ni un comportamiento más cristiano. ¡No! Simplemente deseaba a un hombre a su lado. Me di cuenta inmediatamente de que Dios no podía responder la oración de esa mujer. No estaba lista para acoger el regreso de su esposo. Todavía era una minusválida emocional, e iba a echarlo a perder de nuevo. Entonces no le iba a quedar nada más que otro fracaso, y su desesperación se hubiera complicado. Dios no la había abandonado. De hecho se estaba mostrando misericordioso con ella. Estaba salvando su vida, pero ella no acertaba a verlo.

¡Seamos honestos! ¿Ha sido débil nuestra fe últimamente? ¿Hemos casi renunciado a ciertas cosas que hemos estado pidiendo por mucho tiempo? ¿Nos estamos cansando de esperar? ¿Hemos levantado las manos resignados, como diciendo: "Me parece que no consigo nada. No sé qué anda mal ni por qué no recibo respuesta a mis oraciones. Evidentemente Dios me ha dicho que no."

¿Qué podemos decir de las personas solitarias del mundo a quienes la soledad destroza? ¿Qué podemos decir de los jóvenes solteros que pasan meses e incluso años pidiendo una compañera adecuada? Otros se sentirían satisfechos si Dios respondiera a la oración dándoles sólo una amiga. Por las noches lloran. El teléfono se convierte en su contacto con la vida, y cuando las cosas se vuelven insoportables, llaman a alguien — a cualquiera — para hablar un poco. ¿Sigue Dios respondiendo esa clase de oración? La oración en la que las muchachas cristianas piden maridos cristianos y los muchachos cristianos piden esposas cristianas. ¿Puede Dios enviar en forma milagrosa a amigos y compañeros a vidas solitarias, en respuesta a la oración y a la fe? Todavía tengo que creer que Dios actúa así. Pero sé de verdad, después de haber entrevistado a centenares de personas solitarias, que muy pocas creen realmente en las promesas de Dios.

Muéstrenme a un hijo de Dios, doliente, solitario, que pone su carácter y crecimiento antes de cualquier otra necesidad, y les mostraré uan persona que está segura de recibir respuesta. En lugar de pedir con fe, en lugar de confiar mansamente en sus promesas, en lugar de leer la Palabra de Dios y de crecer en fortaleza, en lugar de poner bajo el cuidado de Dios el futuro, la mayor parte de las personas solitarias ven televisión, leen revistas superficiales y se vuelven espiritualmente amorfas. Su fe es débil porque son minusválidos espirituales. Oran sólo a ratos breves. Se sumen en la compasión de sí mismas y en la condenación propia. Son raquíticas e incrédulas, dispuestas a pensar que Dios las ha escogido de entre todos para tratarlas mal. Dios no puede responder a sus oraciones, porque no están listas para la amistad y el verdadero amor. Lo echarían todo a perder en muy poco tiempo porque la incredulidad respecto a Dios siempre conduce a inestabilidad en las relaciones humanas. Les digo a todas las personas solitarias: ¡Vuelvan al lugar secreto! ¡Regresen a la fe sencilla, infantil! Comiencen a anhelar a Cristo más que a compañeros o amigos. Dios satisfará, según su propia Palabra, todas sus necesidades.

Señor, ayúdame, o lo voy a echar a perder todo

Casi dondequiera que voy, escucho a cristianos, incluso ministros, que me dicen que les falta algo en la vida. Un pastor amigo me lo resumió así: "David, comienzo a tener hambre del Señor. Tengo el espíritu quebrantado; lloro y gimo durante horas. Siento como si algo en mí estuviera tratando de expresarse, como si estuviera a punto de nacer algo. Deseo más de Dios y más de la vida. Deseo ser santo. Deseo conocer a Dios y llegar donde Él. Pido que lo que siento no se esfume, sino que siga creciendo hasta que se haga realidad. Pero lamentablemente, en una semana pierdo el espíritu quebrantado. Regreso a mis antiguos temores y sequedad. Llego tan cerca, pero nunca hasta el final. Luego me pregunto: ¿Qué sucedió?"

¿Describe esto lo que algunos de nosotros estamos experimentando? ¿Nos sentimos como si hubiéramos llegado a la puerta, tan cerca, y que estuviéramos a punto de llegar a una vida de gozo, fe, oraciones contestadas y triunfo? ¿Hay algo en nosotros que sigue condenándonos, como si nunca hiciéramos lo suficiente para agradar a Dios? ¿Pensamos a veces: "No estoy haciendo nada. No estoy logrando nada. No estoy creciendo. No estoy consiguiendo verdadero progreso?"

Soy de la opinión que, en todos nosotros, por debajo de la superficie, mora un terrible pensamiento: *Oh, Dios, ayúdame, o voy a echarlo a perder todo.* Nunca lo decimos, pero lo pensamos: *Dios mío, soy tan débil, tan susceptible ante el pecado que me acosa, tan ignorante acerca de cómo vencer la tentación, tan confundido en cuanto a la oración y a cómo vencer al demonio. Tengo miedo de que hacer algo estúpido lo eche a perder todo.*

Dios no es una broma o acertijo divino

¿Que significa cuando las oraciones no reciben respuesta, cuando el dolor persiste, cuando el sufrimiento continúa, y Dios parece no hacer nada en respuesta a nuestra fe? Con frecuencia, Dios nos ama más extraordinariamente en esas épocas que nunca antes. La Palabra dice: " . . . el Señor al que ama disciplina . . . " (Hebreos 12:6). La disciplina proveniente del amor siempre tiene preferencia a cualquier acto de fe, a cualquier oración, a cualquier promesa. Lo que veo que me hiere podría ser su prueba de amor. Podría ser su mano amorosa que me azota para sacarme de la pertinacia y orgullo. Dios podría estar diciéndome: "He prometido satisfacer todas tus necesidades. Te dije que haría todo lo que me pidieras en fe. Necesitas someterte a una temporada de disciplina; es la única forma en que puedo hacer de ti un vaso experimentado de amor. Puedes pedirme ser liberado, pero sólo diferirá tu crecimiento espiritual. Por medio de este sufrimiento aprenderás obediencia, si te sometes."

Tenemos fe en nuestra fe. Damos más importancia al poder de nuestra oración que al recibir en nosotros su poder. Deseamos entender a Dios, de modo que lo podamos leer como un libro. No deseamos recibir sorpresas ni ser desconcertados. Y cuando suceden cosas contrarias a nuestro concepto de Dios, decimos: "Eso no puede ser Dios; él no actúa así."

Estamos tan ocupados actuando en Dios, que olvidamos que Él está tratando de actuar en nosotros. De esto se trata en la vida: Dios actuando en nosotros, tratando de rehacernos para que seamos vasos de gloria. Estamos tan ocupados en orar para que cambien las cosas que nos queda poco tiempo para permitir que la oración nos cambie. Dios no ha puesto en nuestras manos la fe y la oración como si fueran dos instrumentos secretos con los que un grupo selecto de "expertos" aprenden a sacarle algo por medio de la oración. Dios dijo que Él está más dispuesto a dar que nosotros a recibir. ¿Por qué utilizamos la oración y la fe como llaves o instrumentos para abrir algo que nunca ha sido puesto bajo llave? Se da libremente. Ha sido derramado. Es un almacén con todas las puertas y ventanas abiertas, con un Padre que ya está actuando, llenándonos a diario con sus beneficios. Cuando Jesús dijo "llamad, y se os abrirá", estaba hablando de nuestras puertas, no de las suyas. Derribemos todas nuestras puertas. No necesitamos ninguna llave para entrar a su presencia.

La oración no es para el beneficio de Dios, sino para el nuestro. La fe no es para su beneficio, sino para el nuestro. Dios no es una clase de broma eterna, divina. No se ha rodeado de acertijos que los hombres tienen que resolver, como para decir: "Los sabios alcanzarán el trofeo."

Estamos tan confundidos en este asunto de la oración y la fe. Hemos tenido el atrevimiento de pensar que Dios es nuestro genio personal que satisface todos los deseos. Pensamos en la fe como una forma de acorralar a Dios con sus propias promesas. Pensamos que a Dios le placen nuestros esfuerzos por ponerlo contra la pared y gritarle: "Señor, no te puedes echar para atrás de tu promesa. Quiero lo que me has prometido. Tu Palabra te obliga. Debes hacerlo o tu Palabra no es verdad."

Por esto no acertamos con el verdadero significado de la oración y la fe. Vemos a Dios sólo como el Dador y a nosotros como los receptores. Pero la oración y la fe son los caminos por los que nos volvemos dadores para Dios. Tienen que utilizarse, no como formas de conseguir cosas de Dios, sino como formas de darle aquellas cosas con las que podemos complacerlo.

Algo mejor que una oración contestada

¿Deseamos una promesa, o deseamos al que promete? ¿Deseamos respuestas a nuestra oración, o deseamos a aquel que hace que todo contribuya a nuestro bien?

¿Podemos imaginar a una esposa que permanece con su esposo sólo por los beneficios que recibe? Goza del prestigio de su famoso esposo, y utiliza su nombre para elevar su propia posición. Disfruta de los lujos que le brinda; gasta sin cesar con sus tarjetas de crédito. Pero da por supuesto que él la ama. Le queda poco tiempo para pasarlo con él; está tan preocupada con su propia comodidad y sus placeres. ¿Cuánto tiempo tendrá que pasar para que el mundo sepa que se aprovecha de su esposo, que está interesada no tanto en él como en lo que le da?

Amada esposa de Cristo, ¿no es ésta la forma en que tratamos a nuestro Dueño? Exigimos el uso de sus tarjetas de crédito, mientras mostramos muy poco interés por su amor. Todas las promesas se nos dan para que lleguemos a ser copartícipes con Él. Deseemos que su naturaleza divina penetre en nuestro enclenque cuerpo.

¿Creo que las promesas son mías? ¡Sí! ¿Creo que Dios sigue respondiendo a la oración? ¡Sí! ¿Creo que me confortará, me liberará, me dará lo que necesito para ser libre y llegar a la plenitud? ¡Sí! Pero todo lo que Dios hace en mí y para mí depende de una sola cosa: ¡debo creer que me oye cuando lo llamo! Guarda todas las lágrimas; está más dispuesto Él a dar que yo a recibir; anhela responder a todas las oraciones que me van a ayudar a ser más como Él; y nunca me quitará nada que necesite por más tiempo que el que pueda soportar sin ello.

Dios no nos ha olvidado, ni a ustedes ni a mí. ¡No! ¡Mil veces no! Ahora mismo está deseando que todos creamos que está haciendo todas las cosas para nuestro bien. De modo que ¡dejemos de imaginar! ¡Dejemos de preocuparnos! ¡Dejemos de dudar de nuestro Señor! ¡La respuesta ya viene! Dios no ha cerrado sus oídos. ¡Cosecharemos — a su debido tiempo — si no desfallecemos!

13

"¿RESPONDERÁ ALGUNA VEZ DIOS A MI ORACIÓN?"

Se han hecho alguna vez esta pregunta? ¿Hay algún asunto especial acerca del que han estado orando por mucho tiempo, sin que parezca que la respuesta esté por llegar? ¿Hay veces en que se preguntan si la respuesta llegará alguna vez? ¿Han hecho honestamente todo lo que saben que deben hacer? ¿Han cumplido con todos los requisitos de la oración? ¿Han llorado, ayunado, y suplicado fervientemente a Dios con verdadera fe? ¿Y sin embargo, parece que no está sucediendo nada? Si pueden responder que sí a todas estas preguntas, están bien acompañados. No constituyen una clase extraña de cristianos, que sufren algún castigo de Dios. La respuesta diferida a la oración es una de las experiencias más comunes que comparten incluso los hijos más santos de Dios.

Le agradezco a Dios los ministros y maestros que predican la fe. ¡También yo lo hago! Gracias a Dios por maestros que mueven mi alma a esperar milagros y respuestas a todas mis oraciones. Quizá la Iglesia se ha vuelto tan sin fe e incrédula que Dios tiene que darnos una revelación explosiva, nueva y refrescante de sus poderosas promesas.

Hay mucha enseñanza nueva hoy día acerca de "hacer la confesión correcta". También se apremia al pueblo de Dios para que piense en forma positiva y afirme todas las promesas de Dios. Se nos dice que eliminemos de nuestra vida todos los rencores ocultos: enderezar todo lo malo, incluso desde la infancia. Últimamente, se ha venido enseñando que la mayoría de nuestras oraciones sin respuesta, de nuestras enfermedades permanentes, de nuestra incapacidad para mover a Dios a favor nuestro, son consecuencia directa de no manejar bien nuestra fe. Como lo expresa un maestro de la fe: "La fe es como un grifo; se puede abrir y cerrar."

Todo parece tan sencillo. ¿Necesitamos un milagro financiero en la vida? Entonces se nos dice que sencillamente quitemos de nuestra vida todos los rencores, obstáculos e incredulidad. Confesemos que ya hemos recibido la respuesta, por fe, y la obtendremos. ¿Deseamos que el marido divorciado vuelva a reconciliarse? Confesémoslo, imaginemos qué está sucediendo, creamos una imagen mental de una hermosa reunión, y lo conseguiremos. ¿Se encuentra alguien a quien amamos en las puertas de la muerte? Entonces digámosle a Dios que no vamos a aceptar un no por respuesta; recordémosle sus promesas; confesemos la sanidad; y todo sucederá, según se nos enseña. Y si la oración no recibe respuesta, si el marido sigue lejos por mucho tiempo, si el ser querido enfermo muere, si la necesidad financiera se convierte en una crisis, se sugiere que todo es culpa de uno. En algún momento, uno ha permitido que un pensamiento negativo bloquee el canal. O tenemos un pecado secreto o rencor no eliminado. Nuestra confesión no fue bíblica o fue poco sincera. Un maestro de la fe escribió: "Si no consiguieron los resultados que yo conseguí, no están haciendo todo lo que yo hice."

No digo esto con ironía. Creo que Dios responde a la oración. ¡Oh, cuánto lo creo! Pero en mi oficina se reciben cartas trágicas de cristianos honestos que se sienten totalmente confundidos y deprimidos, porque parece que no aciertan a hacer que funcionen todas estas fórmulas de oración con fe. "¿Qué estoy haciendo mal?" escribe una señora angustiada. "He escudriñado mi corazón y he confesado todos los pecados. He sujetado los poderes diabólicos por la Palabra de Dios. He ayunado; he orado; he confesado las promesa. Con todo, no he visto la respuesta. Debo estar espiritualmente ciega, o lo estoy haciendo todo mal."

Créanme, hay millares de cristianos confundidos, por todo el mundo, que se están acusando por no poder generar una respuesta a una oración desesperada. Saben que la Palabra de Dios es verdadera, que no puede fallar ninguna promesa, que Dios es fiel con todas las generaciones, que es bueno, y que desea que sus hijos esperen respuesta a sus oraciones. Sin embargo, para ellos, hay esa oración concreta que no obtiene respuesta, en forma indefinida. Entonces se echan la culpa de ello. Escuchan las grabaciones de maestros y predicadores que hablan con tanto poder y en forma tan positiva acerca de todas las respuestas que obtienen como resultado de su fe. Y oyen los testimonios de otros que han encontrado una fórmula y que están recibiendo todo lo que le piden a Dios. Luego miran su propia incapacidad, y la acusación los abruma.

Déjenme desnudar el alma ante todos en cuanto a este asunto de las oraciones no respondidas. Ante todo, respeto y amo a todos los maestros y ministros de la fe y de la confesión positiva. Son grandes hombres y mujeres de Dios. Necesitamos muchísimo que se nos recuerde el poder de la fe y del pensamiento correcto. Todo ello es muy bíblico, y quienes se resisten a tales enseñanzas o las niegan, probablemente no se han tomado nunca la molestia de escuchar lo que de veras se está enseñando. Pero queda un problema importante: El vagón de la fe sigue avanzando, a toda velocidad, sobre rieles que están desequilibrados. Y si sigue avanzando en la dirección que ha tomado, sin equilibrio, descarrilará, y muchas personas que confían resultarán heridas. Ya hay algunos que están rindiéndose, porque se han esclavizado a enseñanzas de fe, que sugieren que todas las oraciones no respondidas son consecuencia de algún error humano. En otras palabras, si no me funcionó, es porque hice algo mal: debo repetirlo hasta que consiga hacerlo bien.

No se puede alimentar la fe sólo en base a promesas egoístas de curación, riqueza, éxito y prosperidad, de la misma manera que no podemos estar saludables y fuertes si comemos sólo postres. La fe viene de oír "toda la Palabra", y no sólo algunos versículos preferidos.

¿Que ocurre con las verdades bíblicas que hablan del sufrimiento que enseña obediencia? Como en el caso de Jesús, aprendemos obediencia de todo lo que sufrimos (Hebreos 5:8). Hay tantos textos bíblicos acerca del sufrimiento como acerca de la fe.

Nuestra fe no debiera tener miedo de investigar pasajes bíblicos que tratan de las demoras de Dios, las razones que tiene para guardar silencio, e incluso su soberanía . . . las veces que actúa sin dar ninguna explicación al hombre.

Pedro nos advirtió que la fe no debía aislarse de otras cosas. Dijo: " . . . añadid a vuestra fe virtud; a la virtud, conocimiento; al conocimiento, dominio propio; al dominio propio, paciencia . . . " (2 Pedro 1:5, 6). La fe sin paciencia y virtud y dominio propio (templanza) se vuelve centrada en sí misma y desequilibrada.

Todas las enfermedades no las causan demonios o espíritus malos. La mayor parte las causan la falta de control sobre uno mismo, la glotonería o los malos hábitos. Esta generación envanecida y saciada se llena con montañas de comidas sin valor nutritivo, postres y bebidas envenenadas; luego, cuando el cuerpo se debilita y cae víctima de la enfermedad, llenos de pánico, acudimos a la Palabra de Dios para encontrar una panacea rápida. Haríamos todo lo que hiciera falta para sanarnos, excepto practicar el dominio propio. E incluso si Dios, en su misericordia, a menudo pasa por alto nuestra forma de vivir desenfrenada y llega a sanar nuestro cuerpo, debemos invertir algo de nuestra fe en el dominio propio.

Hay veces, en la Biblia, en que Dios no pudo contestar, y no lo hizo — por mucho que se le suplicara — por grande que fuera la fe y por positiva que fuera la confesión. Pablo no fue liberado de la aflicción que lo martirizaba, aunque pidió con diligencia una respuesta. "Respecto a lo cual tres veces he orado al Señor, que lo quite de mí" (2 Corintios 12:8).

Primero, Dios quiso ver que la acción de la gracia se completara en Pablo. No iba a permitir que su hijo se llenara de orgullo. No iba a disfrutar de la liberación, sino de aprender cómo el poder de Dios podía ser suyo en tiempos de debilidad. Pero veamos lo que le sucedió a Pablo, demostrando que Dios tuvo razón en no responder a su petición:

> . . . Por tanto, de buena gana me gloriaré más bien en mis debilidades, para que repose sobre mí el poder de Cristo. Por lo cual, por amor a Cristo me gozo en las debilidades, en afrentas, en necesidades, en perse-

cuciones, en angustias; porque cuando soy débil, entonces soy fuerte.

2 Corintios 12:9, 10

¿Le faltó fe a Pablo? ¿Estaba lleno de pensamientos negativos? ¿Confesaba en forma equivocada? ¿Por qué Pablo no predicó el mensaje que tanto escuchamos hoy día: "No tienen que sufrir dolencias, pobreza, angustias, dolores. No tienen que pasar por necesidades o debilidad. Declárense victoriosos sobre todo sufrimiento y dolor . . . "?

Pablo quería más que sanidad, más que éxito, más que liberación de espinas punzantes: ¡quería a Cristo! Pablo prefería sufrir que tratar de pasar por alto a Dios. Por esto podía exclamar: "Me glorío en mi situación actual; Dios está actuando en mí por medio de todo lo que sufro. En medio de todo ello, sé que mi sufrimiento actual no se puede comparar con la gloria que me espera."

Abusamos de las respuestas que obtenemos. Nos volvemos desagradecidos, y a menudo convertimos nuestra liberación en desastre. Así le sucedió a Ezequías. Dios envió a un profeta para que le advirtiera que tenía que prepararse para morir, diciendo: "Morirás, y no vivirás." Ezequías lloró, se arrepintió y le suplicó a Dios que le diera quince años más de vida. Dios escuchó su oración. Le dio más tiempo de vida. En el primer año de esta nueva fase, cayó en componendas, y abrió las puertas de Israel a reyes enemigos. Atrajo sobre su familia y nación el desastre.

Otras veces Dios no quiere responder a nuestras peticiones en oración, porque tiene una alternativa mejor. Responderá, desde luego, pero no lo reconoceremos así. Lo veremos como rechazo, pero, en medio de todo, Dios irá haciendo su perfecta voluntad. Vemos este principio funcionando cuando Israel era conducido, cautivo, a la tierra de los caldeos. "Qué desastre — exclamaron —. Dios ha rechazado nuestras oraciones; nos ha olvidado. Dios nos ha cerrado sus oídos." Los que quedaron en Jerusalén se envanecieron, pensando que Dios había escuchado sus oraciones y los había bendecido al permitirles quedarse. Pero los que se quedaron fueron completamente destruidos por la espada, el hambre, y la pestilencia, hasta que fueron totalmente aniquilados (Jeremías 24:10).

Pero a los que fueron llevados cautivos les dijeron: "Habéis sido echados de este lugar a la tierra de los caldeos, para bien . . . " (Véase Jeremías 24:5). Nunca reconocieron que Dios había actuado, salvaguardando un remanente, pero los que fueron "salvos por el sufrimiento" regresaron para reconstruir la tierra.

Algunas de nuestras oraciones todavía no han obtenido respuesta

Hay un viejo dicho: "La confesión sincera es buena para el alma." Les confieso que todavía no he recibido respuesta a dos oraciones que he estado repitiendo por años. Ya oigo que alguien dice: "Hermano David, ¡no haga esto! ¡Esto es negativo! Es una confesión equivocada. ¡Es lógico que todavía no haya recibido esas respuestas!" Esos comentarios me divierten más que herirme. Me niego a dejar de lado los hechos. Los hechos son que he orado insistentemente acerca de estos dos asuntos. He hecho mías todas las promesas de la Biblia; confío en que Dios puede hacerlo todo; ¡he dado a mi bendito Señor una fe que mueve montañas! Sin embargo, pasan los años, y todavía no he visto las respuestas. Miles de oraciones mías han sido contestadas. Veo respuesta a mis oraciones cada día de mi vida. Dios ha hecho maravillas por mí, en todas las fases de mi vida. Pero con todo, esas dos oraciones todavía no han obtenido respuesta.

Dejaré que los expertos en oración y fe traten de analizar las razones de que esas oraciones no hayan obtenido respuesta; en cuanto a mí, ese hecho no me preocupa para nada. Ya he superado lo de reprochármelo. Ya lo hice bastante por no recibir respuesta cuando la deseaba. ¡Dios está introduciendo un equilibrio en mi fe! Mi confesión positiva está siendo reconducida en la dirección correcta. Y, oh, el gozo y felicidad cuando nuestra fe en Dios ya no depende sólo de obtener respuestas. Qué alivio cuando la fe se centra sólo en Jesús y en recibir su carácter santo.

¿Responderá alguna vez Dios a mis oraciones?

Creo en la coordinación del Espíritu Santo. En el tiempo de Dios, todas nuestras oraciones recibirán respuesta, en una forma u otra. El problema es que tenemos miedo de someter nuestras oraciones al escrutinio del Espíritu Santo. Algunas de nuestras oraciones necesitan ser purificadas. Parte de nuestra fe ha sido malgastada en peticiones inmaduras. Estamos tan convencidos de que "si nuestra petición está de acuerdo con su voluntad, debiéramos obtener respuesta". Sencillamente no sabemos cómo orar, "¡Hágase tu voluntad!" No queremos tanto su voluntad como las cosas que su voluntad permite. La única prueba que necesitamos para nuestras oraciones es más bien egoísta: "¿Lo encuentro en el catálogo de Dios de cosas permitidas?" Entonces buscamos en toda la Palabra de Dios y con habilidad vamos extrayendo todas las razones de por qué se nos deberían conceder ciertas bendiciones y respuestas. Comparamos las promesas para adecuarles nuestras peticiones concretas. Cuando nos convencemos de que tenemos buen fundamento y de que hemos recogido suficientes promesas, acudimos con decisión a la presencia de Dios, como diciéndole: "Señor, tengo un argumento bien elaborado; no hay forma de que me puedas negar la respuesta. He verificado mi fe. Tengo tu Palabra en cuanto a esto. Lo he hecho todo de acuerdo con un plan. ¡Me pertenece! ¡Lo exijo! ¡De inmediato!"

¿Sólo de esto se trata la fe? ¿Es simplemente un instrumento para sacar de Dios en oración los beneficios de sus promesas? ¿Un reto a su fidelidad? ¿Una prueba de su Palabra? ¿Una llave para abrir el tesoro de bendiciones de Dios? Me parece que acudimos al salón del trono de Dios ondeando nuestros estandartes de fe, pertrechados con un arsenal de promesas, dispuestos a exigir con violencia todo lo que se nos debe. Mientras tanto, imaginamos a nuestro Padre que aprueba lo que hacemos y nos felicita por haber desenredado el misterio de la fe y en consecuencia darnos derecho a la plenitud celestial.

Hasta que Dios reestructure nuestros deseos y ambiciones, seguiremos desperdiciando nuestra preciosa fe en cosas creadas, y no en el Creador. Cuán cobarde y corrupta se vuelve nuestra fe cuando se utiliza sólo para conseguir cosas. Qué tragedia que nos jactemos de que nuestra fe nos consiguió un automóvil nuevo, un avión, bienestar financiero, una casa nueva, y así sucesivamente.

La fe es una forma de pensamiento, aunque pensamiento divino, positivo. Pero Jesús nos advirtió que ni siquiera pensáramos en las cosas materiales. "Porque los gentiles [paganos] buscan todas estas cosas" (*Véase* Mateo 6:32). Con qué claridad nos enseña Jesús esto, cuando dice: "Por tanto . . . No os afanéis por vuestra vida, qué habéis de comer o qué habéis de beber; ni por vuestro cuerpo, qué habéis de vestir . . . vuestro Padre celestial sabe que tenéis necesidad de todas estas cosas" (Mateo 6:25, 32).

Incluso los malos prosperan, a veces, y no se puede decir que la fe lo produjo. Dios hace llover su amor y bendiciones sobre el justo y también el injusto. Muéstrenme un cristiano próspero, y les mostraré un réprobo que prospera todavía más.

Aborrezco la idea de enseñar a los cristianos a utilizar la fe para llegar a la prosperidad o tener más éxito. Esto va en contra de la enseñanza del humilde Nazareno que llamó a sus seguidores a venderlo todo y dárselo a los pobres. Nos advirtió contra construir graneros mayores y se lamentó del hambre avasalladora de bienes materiales. No toleraba a quienes acumulaban tesoros aquí en la tierra. Enseñó que sus hijos no debían caer en los engaños de las riquezas, sino que la fe debía hacer que pusiéramos el corazón en las cosas de lo alto.

¿Cómo es posible que, con todas las enseñanzas que se imparten hoy día acerca de la fe, Jesús dijera: " . . . Pero cuando venga el Hijo del Hombre, ¿hallará fe en la tierra?" (Lucas 18:8). ¿Sería que Jesús considerara que el estilo moderno de la fe no es para nada fe? ¿Es acaso la así llamada fe tan egoísta que se ha convertido en una abominación para el Señor? Por muchos textos bíblicos que se citen para apoyarla, la fe en beneficio propio es una perversión de la verdad.

¡Comparemos mucho de la fe materialista que tanto prevalece hoy día con la fe que se describe en Hebreos 11! Lo que esos grandes hombres y mujeres de Dios esperaron no podía medirse bajo ninguna norma terrenal. Lo que buscaban no era dinero, casas, éxito o una vida sin dolor. Ejercitaban la fe para conseguir que Dios diera el sello de aprobación a su vida. La fe de Abel se centró sólo en la justicia, y Dios se la otorgó. La fe de Enoc estuvo tan centrada en Dios que fue transportado. Su fe tuvo un solo motivo: conocer y agradar a Dios. La fe, para Noé, significó "caminar con temor" para prepararse para el juicio venidero. Cómo iba a llorar ese hombre si pudiera alguna vez ser testigo de la locura del materialismo que atenaza a nuestra generación.

Abraham ejercitó su fe para seguir recordando que era extranjero en esta tierra. Su pacto bendito en esta tierra sólo le dio una tienda en la cual morar, porque puso toda su fe en esa ciudad cuyo constructor y hacedor es Dios.

Algunos con fama de tener una gran fe " . . . no recibieron lo prometido" (Hebreos 11:39). Quienes sí obtuvieron promesas utilizaron su fe para actuar con justicia, para adquirir fortaleza en tiempos de debilidad, y para ahuyentar al enemigo.

¿Acaso algunos de ellos no vivieron en fe? ¿Se negó Dios a responder a algunas de sus oraciones? Después de todo, no todos esos luchadores de oración y de fe fueron liberados. No todos vivieron para ver la respuesta a sus oraciones. No todos se vieron libres de dolor, de sufrimiento, e incluso de muerte. Algunos fueron torturados; otros fueron despedazados, andando de acá para allá pobres, angustiados, maltratados (*Véase* Hebreos 11:36-39).

Fueron grandes hombres y mujeres de fe, que sufrieron burlas crueles, azotes y prisión. No fueron maltratados y torturados por falta de fe o por una confesión equivocada, o porque guardaran algún rencor o mala voluntad. ¿No pudieron esos hombres de fe obtener más que pieles de ovejas para cubrirse? ¿No se hubieran podido levantar, en fe, para exigir esa gran promesa de que ninguna plaga llegaría a su morada?

Oh, queridos amigos, el mundo no era digno de estos santos de la fe, porque tenían la clase de fe que destruía todas las exigencias de la carne. Su fe tenía un sólo objetivo; veían todas las bendiciones de Dios como eternas y espirituales, y no como terrenales y para ahora.

Sí, sé que el capítulo sobre la fe concluye diciendo: "Proveyendo Dios alguna cosa mejor para nosotros . . . " (Hebreos 11:40). Pero, ¿cómo definiremos esa cosa mejor que Dios ha preparado para quienes tienen fe hoy? ¿Más beneficios de salud? ¿Mejores títulos? ¿Mejores ventajas financieras? ¿Mejores tiempos de comodidad y prosperidad? ¿Mejores beneficios para cuando seamos ancianos? ¿Graneros mayores, llenos de todo lo que necesitamos para retirarnos con buen nivel de vida?

¡No! Digo que Dios nos ha dado algo mejor en su Hijo unigénito. Vino a la tierra como hombre para mostrarnos una fe todavía mayor, más centrada: y es "hacer la voluntad del Padre". Deberíamos dedicar más tiempo a acercarnos a Jesús que en tratar de conseguir algo de Él. No debiéramos orar a Dios para que haga que nos lleguen cosas, sino para que algo *nos* suceda.

Los que practican tanto su fe para obtener sanidad, bendiciones financieras, solución de problemas, debieran, más bien, centrar toda su fe en conseguir el "descanso en Cristo". Hay una fe que reposa no en la oración que obtiene respuesta, sino en el conocimiento de que nuestro Señor hará lo que más nos convenga.

No nos preocupemos acerca de si Dios dice ¡Sí! o, ¡No! a nuestra petición. No nos deprimamos cuando la respuesta no se vislumbra. Dejemos de pensar en fórmulas y métodos. Simplemente presentemos todas las oraciones a Jesús y sigamos viviendo normalmente, con confianza de que no responderá ni un momento antes o después. Y, si no llega la respuesta que buscamos, digamos de corazón: "Él es todo lo que necesito. Si necesito algo más, no me lo rehusará. Lo hará a su tiempo, a su manera; y, si no satisface mi petición, debe tener alguna razón perfecta para no hacerlo. Sea lo que fuere lo que suceda, siempre tendré fe en su fidelidad."

Dios nos ayude si nuestra fe sirve a la criatura más que al Creador. Dios nos perdone si estamos más preocupados por conseguir respuesta a nuestras peticiones que por aprender una sumisión total a Cristo mismo. No aprendemos obediencia de las cosas que conseguimos, sino de las cosas que sufrimos. ¿Estamos dispuestos a aprender obediencia sufriendo un poco más ante lo que parece ser una oración sin respuesta? ¿Descansaremos en su amor, esperando pacientemente la promesa, después de haber hecho toda la voluntad del Padre?

Descartemos nuestra teología para regresar a la simplicidad. La fe es un don, no un diploma. La fe no debería ser una carga o un rompecabezas. Cuanto más infantil sea, mejor funciona. No necesitamos cursillos ni fórmulas; no necesitamos guías. El Espíritu Santo nos guiará más cerca de Jesús — que es la Palabra — de quien procede la fe.

14

JESÚS Y LAS TEMPESTADES

Jesús invitó a sus discípulos a que subieran a una barca que iba a encontrar aguas agitadas, la iban a zarandear como un flotador que se balancea. La Biblia dice que los forzó a subir. Los discípulos se iban a encontrar con una experiencia como de un Titanic en miniatura, y Jesús siempre lo sabía. "En seguida Jesús hizo a sus discípulos entrar en la barca e ir delante de él a la otra ribera, entre tanto que él despedía a la multitud" (Mateo 14:22).

¿Dónde se quedó Jesús? Se encontraba en la montañas que dominaban ese mar; ahí estaba, orando por ellos para que no fallaran en la prueba por la que sabía que tenían que pasar. La travesía en barca, la tempestad, las olas violentas y los vientos formaron todos ellos parte de una prueba que el Padre había planeado. Iban a aprender la lección más grande de su vida. La lección fue cómo reconocer a Cristo en la tempestad.

Hasta entonces lo habían conocido como el Hacedor de Milagros, el que convertía los panes y peces en alimento milagroso, el Amigo de los pecadores, el que traía salvación a todos los perdidos. Lo conocían como el que satisfacía todas sus necesidades, incluso pagaba sus impuestos con monedas extraídas de la boca de un pez.

Reconocían a Jesús como al Cristo, el mismo Hijo de Dios. Sabían que tenía palabras de vida eterna. Sabían que tenía poder sobre todas las obras del diablo. Lo reconocían como maestro, que les había enseñado cómo orar y perdonar, atar y desatar.

Pero nunca habían aprendido a reconocer a Cristo en la tempestad. Es trágico pensar que esos discípulos que creían que realmente lo conocían muy bien no supieran reconocerlo cuando se desencadenó la tempestad.

Esta es la raíz de la mayor parte de nuestros problemas actuales. Confiamos en que Cristo hace milagros y sana. Creemos en Él para nuestra salvación y para el perdón de nuestros pecados. Lo buscamos para que satisfaga nuestras necesidades. Confiamos en que un día nos conduzca a la gloria. Pero cuando se desencadena una tempestad que nos afecta, y parece como si todo se hundiera, nos resulta difícil ver a Jesús cerca. No podemos creer que permita que las tempestades nos enseñen a confiar. Nunca estamos totalmente seguros de que esté cerca cuando las cosas se ponen realmente mal.

La barca está siendo zarandeada; parece que se va a hundir; los vientos soplan con violencia; todo se les ha puesto en contra.

Y ya la barca estaba en medio del mar, azotada por las olas; porque el viento era contrario. Mas a la cuarta vigilia de la noche, Jesús vino a ellos andando sobre el mar. Y los discípulos, viéndole andar sobre el mar, se turbaron, diciendo: ¡Un fantasma! Y dieron voces de miedo. Pero en seguida Jesús les habló, diciendo: ¡Tened ánimo; yo soy, no temáis!

Mateo 14:24-27

Se sintieron abrumados, tan de repente sobrecogidos; el solo pensamiento de que Jesús estuviera cerca, viéndolos, resultaba absurdo. Alguno probablemente dijo: "Esto es obra de Satanás; el diablo quiere matarnos a causa de todos los milagros en los que participamos."

Otro probablemente dijo: "¿Qué hicimos mal? ¿Quién de nosotros tiene algún pecado en su vida? Examinemos la conciencia; confesémonos unos a otros. ¡Dios está enojado con alguien en esta barca!"

Otro pudo haber dicho: "¿Por qué nosotros? Estamos haciendo lo que nos dijo que hiciéramos. Somos obedientes. No estamos fuera de la voluntad de Dios. ¿Por qué de repente esta tempestad? ¿Por qué permitiría Dios que nos veamos tan zarandeados, estando en una misión divina."

En la hora más tenebrosa, Jesús vino a ellos. Cuán difícil debe haber sido para Jesús esperar al margen de esa tempestad, amándolos tanto, sintiendo todo el dolor que experimentaban, deseando tanto protegerlos para que no resultaran heridos, preocupado por ellos como un padre se preocupa por el hijo que está en problemas. Sin embargo, sabía que nunca llegarían a conocerlo plenamente y a confiar en él, hasta que la furia total de la tempestad cayera sobre ellos. Se les revelaría sólo cuando hubieran llegado al límite de su fe. La barca nunca se hubiera hundido, pero su miedo los hubiera sumergido más rápido que las olas que azotaban la barca. El único miedo de ahogarse era el ahogarse de desesperación, temor y angustia, no con agua.

Recordemos que Jesús puede calmar el mar en cualquier momento, con una sola palabra, pero los discípulos no. ¿Podían haber ejercitado la fe de parte suya? ¿No podían mandar al mar en nombre de Jesús? ("Obras mayores haréis.") ¿No hubieran podido poner en práctica las promesas? ("Todo lo que pidáis en oración . . . os será dado.") Estas cosas no pueden suceder hasta que hayamos aprendido a reconocer a Jesús en la tempestad, hayamos recibido fe para capear la tempestad, y hayamos aprendido a mantener buen ánimo cuando la barca parezca que se hunde.

Cuando los discípulos vieron a Jesús, pensaron que era un espíritu, una aparición. No reconocieron a Jesús en esa tempestad. Vieron un espíritu, una aparición. El pensamiento de que Jesús estuviera tan cerca, que formara parte de lo que estaban experimentando, ni siquiera les cruzó la mente.

El peligro más grande

Éste es el peligro que todos corremos: ser incapaces de ver a Jesús en nuestros problemas; en lugar de ello, vemos a espíritus. En ese momento culminante del temor, cuando la noche está totalmente oscura, la tempestad muy violenta, los vientos rugen con más fuerza, y la desesperanza es más aplastante, Jesús siempre se nos acerca, para revelársenos como el Señor de la tempestad, el Salvador en las tempestades. "Jehová preside en el diluvio, y se sienta Jehová como rey para siempre" (Salmo 29:10).

Los discípulos complicaron sus temores. Ya no sólo sentían miedo de la tempestad, sino que agregaron un nuevo temor: los fantasmas. La tempestad estaba arrojando fantasmas; andaban sueltos espíritus misteriosos.

Pensaríamos que por lo menos un discípulo hubiera reconocido qué estaba sucediendo y hubiera dicho: "Nada de eso, amigos. Jesús dijo que nunca nos iba a dejar ni a abandonar. Él fue quien nos envió a esta misión; estamos dentro de su voluntad. Dijo que los pasos del justo Él mismo los guiaba. Vean. ¡Es nuestro Señor! ¡Está aquí! Nunca está lejos. Ni una sola vez hemos estado fuera de su mirada. Todo está bajo control."

Pero ningún discípulo lo reconoció. No esperaban que estuviera con ellos en la tempestad. Lo esperaban en el pozo de la samaritana. Esperaban que estuviera ahí con los brazos extendidos para invitar a los niños que se acercaran. Esperaban que estuviera en el templo, expulsando a los mercaderes. Y esperaban que un día fuera a estar a la diestra del Padre, para hacerlos reyes y sacerdotes. Pero nunca, nunca esperaron que estuviera con ellos, ni siquiera cerca, ¡en medio de una tempestad!

Para ellos era tan sólo el destino; un desastre inesperado; un trágico accidente del destino; una prueba inesperada, innecesaria, no deseada; un viaje solitario y lleno de temor hacia las tinieblas y la desesperación. ¡Era una noche para olvidar!

Dios vio esa tempestad con ojos diferentes. Era tanto una prueba para estos discípulos como lo había sido el desierto para Jesús. Dios los apartó de los milagros, los encerró en una pequeña barca, frágil, lejos del aposento alto, y luego dejó que la naturaleza siguiera su curso. Dios permitió que fueran zarandeados pero no que se hundieran.

La lección más grande

Sólo había que aprender una lección, una sola. Era una lección sencilla, no algo profundo, místico, que trastornara la tierra. Jesús sencillamente quería que confiaran en Él como su Señor, en todas las tempestades de la vida. Sencillamente deseaba que mantuvieran el ánimo y la confianza, incluso en las horas más oscuras de la prueba. Eso es todo.

Jesús no quería que conjuraran a fantasmas; pero lo hicieron, como seguimos haciéndolo. Jesús debe haberse aparecido como diez espíritus diferentes en las doce mentes distintas de esos discípulos.

Quizá uno de ellos pensó: "Conozco a ese espíritu; el espíritu de la mentira. Hace unas semanas mentí. Esta es la razón de esta tempestad. Esta es la razón de que tengamos problemas: mentí. Es el espíritu de la mentira que trata de advertirme que no debo seguir mintiendo. ¡Lo haré! ¡Lo haré! Sólo sácame de todo esta confusión, y dejaré de mentir."

Otro probablemente pensó: "¡Esto es el espíritu de la hipocresía! He sido falso. Soy un farsante. Ahora en esta tempestad me veo como soy. Por esto tenemos la tempestad. Dios me ha enviado ese espíritu para advertirme que me debo corregir. ¡Lo haré! ¡Lo haré! ¡Ya no más hipocresías! ¡Sólo libérame!"

Otro: "Ese es el espíritu de la condescendencia. Últimamente he condescendido. Oh, vaya. Realmente le he fallado al Señor. Es algo secreto que he tratado de ocultar, pero ahora tengo miedo. Tú permitiste esta tempestad; enviaste ese espíritu para advertirme que debo volver a la santidad. ¡Lo haré! ¡Lo haré! Sólo dame otra oportunidad."

Otro: "Ese es el espíritu de la codicia. He sido demasiado materialista."

Otro: "Ese es el espíritu del tiempo perdido. Me he vuelto perezoso. No he estado dando testimonio. Me he enfriado, me he vuelto tibio, pero ¡ya he aprendido la lección!"

Otro: "Ese es el espíritu del rencor. No he perdonado como debería. He estado eludiendo a ciertas personas. Por esto Dios me está sacudiendo, para enseñarme a dejar de guardar rencor."

Otro: "Ese es el espíritu del pecado secreto; malos pensamientos. Parece como que no acabo de dejarlos, y por esto Dios ha tenido que enviarme esta tempestad para hacérmelo ver."

Otro: "Ese es el espíritu de las promesas rotas. Prometí a Dios que haría esto, pero no lo hice. Ahora Dios me está castigando. Está enojado conmigo, y por esto me ha puesto en esta tempestad. Lo siento. Esa es la lección; ¡he aprendido la lección!"

¡No! ¡No! ¡Mil veces no! Todos esos son espíritus que fabrica nuestra mente, sólo apariciones. Ninguna de estas lecciones son las verdaderas que hay que aprender. Dios no está enojado con nosotros. No nos encontramos en medio de una tempestad porque hayamos fallado. Esos espíritus ni siquiera están en la tempestad por la que atravesamos.

¡Es Jesús que actúa, tratando de revelarse en su poder salvador, sostenedor, preservador! Desea que sepamos que la tempestad sólo tiene un propósito . . . y es conducirnos a un descanso y confianza completos en su poder y presencia en todo momento, en medio de milagros y en medio de tempestades. Es tan fácil, en medio de una tempestad, perder el sentido de su presencia y sentir que nos hemos quedado solos, luchar contra probabilidades imposibles; o que en algún momento, como consecuencia de algún pecado o condescendencia, Cristo nos ha abandonado para dejarnos ahí, totalmente solos, en esa barca zarandeada.

¿Y qué sucede en esos tiempos cuando los vientos en contra son enfermedad, males y dolor? ¿Qué decir cuando aparece el cáncer? ¿Qué decir cuando el dolor y el temor son tan avasalladores, que ni siquiera se acierta a pensar en la proximidad de Jesús. La tempestad golpea de repente, y en lo único en que se piensa es en sobrevivir. No queremos morir; queremos vivir. Vemos el espectro de la muerte en la sombra, y temblamos. No tenemos la fuerza de ni siquiera enfrentar la siguiente hora.

Esto es precisamente lo que hace la presencia de Jesús. Es una revelación que se vuelve más poderosa cuando nos llega en los tiempos de más necesidad.

15

LA SANIDAD DEFINITIVA

La resurrección de entre los muertos es la "sanidad definitiva". Intenté compartir esta gloriosa verdad con los dolidos padres de un niño de cinco años que acababa de morir, unas horas antes, de leucemia. Le habían pedido a Dios que sanara a su querido hijo. Toda la iglesia oró intensamente. Algunos amigos habían profetizado: "No morirá; será sanado." Una semana antes del deceso del muchacho, el destrozado padre tomó en brazos al febril niño para pasearlo por la habitación. "Dios mío, no lo entregaré. Tus promesas son verdad. Mi fe nunca ha desfallecido. Más de dos o tres han estado de acuerdo en tu nombre que sanará. Lo confieso ahora, y lo exijo." A pesar de todo, el niño murió.

Ahí estuve cuando colocaron al niño en el pequeño ataúd. Miré, con profundo dolor, todos esos rostros tristes de amigos cristianos que se habían reunido para llorar su muerte. Los padres estaban en un estado de conmoción. Todo el mundo tenía temor de decir lo que pensaban. Sé que las personas de la iglesia lo pensaban, y el pastor actuaba como si lo estuviera pensando. Y ¿cuál era ese pensamiento inconcebible que atenazaba sus mentes? Sencillamente esto: *¡Dios no respondió a la oración! ¡Alguien falló! ¡Alguien se interpuso ante el poder sanador de Dios! Alguien era responsable de la muerte de este niño, debido a un rencor, a un motivo oculto o a un pecado secreto. Alguien o algo obstaculizó la sanidad.* En ese mismo instante una gloriosa verdad iluminó mi mente; me llevé aparte a los padres y en pocas palabras descargué mi corazón: "No cuestionen a Dios —les dije—. Las oraciones de ustedes han recibido toda respuesta. Dios ha dado a su hijo la sanidad definitiva. Ese cuerpecito enfermo y febril ha sido abandonado; y Ricky está ahora en posesión de su cuerpo perfecto, sin dolor. ¡Ricky ha sido sanado! Dios hizo muchísimo más de lo que pudieron pedirle o pensar de Él. Está vivo y bien. ¡Lo que ha cambiado es su cuerpo y su ubicación!"

Esos padres reaccionaron con enojo. Se sentían amargados y confundidos, y regresaron de la tumba para adentrarse en un período de cinco años de dudas, preguntas, culpa y examen de sus vidas. Durante ese tiempo, casi ni me dirigieron la palabra. Un día, cuando estaba orando, el Espíritu Santo descendió sobre la triste madre, para recordarle mi mensaje. Comenzó a alabar al Señor, diciendo: "Ricky fue sanado. Dios sí dio respuesta a nuestras oraciones. Señor, perdona nuestras dudas. Ricky está muy bien ahora y está disfrutando de su sanidad."

Atesoro el momento en que juntos, con los brazos entrelazados, dimos gracias al Señor por semejante consuelo. El padre de Ricky confesó: "David, estábamos tan enojados con usted. Pensamos que fue muy cruel al sugerir que nuestro hijo, que acababa de morir, había sido sanado. Ahora lo entendemos. Fuimos tan egoístas; no podíamos pensar en lo que era mejor para nuestro hijo. Pensábamos sólo en nuestro propio dolor, en nuestro pesar, en nuestro sufrimiento. Pero ahora el Señor nos ha mostrado que la muerte no ha destruido a Ricky, sino que el Señor lo llevó consigo."

La vida no está en el caparazón

Estos cuerpos mortales nuestros no son sino caparazones, y la vida no está en el caparazón. El caparazón no lo vamos a conservar, sino que es una envoltura temporal que encubre una fuerza vital siempre creciente, que va madurando. El cuerpo es un caparazón que funciona como protección transitoria de la vida que hay adentro. El caparazón es sintético en comparación con la vida eterna que encubre.

Todo cristiano genuino ha recibido vida eterna. Ha sido plantada en nuestros cuerpos mortales como una semilla que madura constantemente. Es, dentro nuestro, un proceso siempre creciente y siempre en expansión de desarrollo; y, llegado el momento, tiene que romper el caparazón para convertirse en una nueva forma de vida. Esta vida gloriosa de Dios en nosotros ejerce presión en el caparazón, y, en el instante mismo en que la vida resucitada llega a su madurez, se rompe el caparazón. Las ataduras artificiales se rompen y, como un pollito recién nacido, el alma queda libre de su cárcel. ¡Alabado sea el Señor!

La muerte no es sino una simple ruptura del frágil caparazón. En el mismo momento en que Dios decide que nuestro caparazón ya ha cumplido con su propósito, un flujo repentino de vida eterna inunda el alma, y Dios abre el caparazón . . . sólo para liberar a la nueva criatura que ha llegado a su madurez.

Como la vida misma abandona el caparazón, después de que éste haya desempeñado su función, así debe el pueblo de Dios abandonar sus cuerpos viejos y corruptos hechos del polvo de donde proceden. ¿Quién pensaría en recoger los trozos despedazados del caparazón para obligar al pollito recién nacido a volver a su estado original? ¿Y quién pensaría en pedir al ser querido que ha partido que renuncie a su cuerpo nuevo, glorificado — hecho a la imagen misma de Cristo — para volver al caparazón que se fue deteriorando y del que se liberó?

¿Morir es ganancia?

Pablo lo dijo: "¡El morir es ganancia!" (Filipenses 1:21). Esa forma de hablar es absolutamente ajena a nuestros vocabularios espirituales modernos. Nos hemos vuelto adoradores tales de la vida que tenemos muy poco deseo de partir para estar con el Señor.

Pablo dijo: "Porque de ambas cosas estoy puesto en estrecho, teniendo deseo de partir y estar con Cristo, lo cual es muchísimo mejor" (Filipenss 1:23). Pero, con el fin de edificar a los convertidos, pensó que era mejor "permanecer en el caparazón". O, como él lo expresó, "vivir en la carne" (v.22).

¿Era morboso Pablo? ¿Tenía una fijación enfermiza con la muerte? ¿Mostraba Pablo una falta de respeto por la vida con que Dios lo había bendecido? ¡Absolutamente no! Pablo vivió la vida a plenitud. Para él, la vida era un don, y la había utilizado bien para librar una buena pelea. Había superado el miedo del "aguijón de la muerte" y ahora podía decir: "Es mejor morir y estar con el Señor que vivir en la carne."

Quienes mueren en el Señor son los vencedores; los que continuamos aquí, los perdedores. Qué trágico que el pueblo de Dios siga viendo a los que partieron como los perdedores, almas pobres y miserables, a quienes se les ha privado de una vida más larga. ¡Oh! Pero si nuestros ojos y oídos espirituales pudieran abrirse aunque fuera unos momentos, veríamos a nuestros seres queridos al lado del Dios del universo, tratando de decirnos: "¡Triunfé! ¡Triunfé! ¡Por fin soy libre! Seguid adelante, queridos seres terrenales; no hay nada que temer. La muerte no es un aguijón. Es cierto: es mejor partir para estar con el Señor."

¿Ha roto el caparazón alguno de nuestros seres queridos? ¿Estábamos presentes cuando sucedió? ¿O recibimos la noticia por teléfono o por cable? ¿Qué clase de sentimiento de horror nos cruzó la mente cuando nos dijeron: "¡Ha muerto!"?

Claro que es natural lamentar y llorar a los que mueren. Incluso la muerte del justo es dolorosa para quienes lo sobreviven. Pero, como seguidores del Cristo que tiene en sus manos las llaves de la muerte, no pensemos en la muerte como un accidente que el diablo perpetúa. Satanás no puede destruir ni a un solo hijo de Dios. Satanás, aunque se le permitió poner la mano en la carne de Job y afligir su cuerpo, no pudo tomar su vida. Los hijos de Dios siempre mueren según el calendario de Dios, ni un segundo antes o después. Si el Señor ordena los pasos del justo, también ordena el último y definitivo.

La muerte no es la sanidad definitiva; ¡lo es la resurrección! La muerte es la transición, y a veces esa transición puede ser dolorosa, incluso insoportable. He visto a muchos miembros del pueblo escogido de Dios morir en medio de terribles dolores. Pero Pablo responde a eso muy bien cuando proclama: "Porque tengo por cierto que las aflicciones del tiempo presente no son comparables con la gloria venidera que en nosotros ha de manifestarse" (Romanos 8:18). Por mucho que el dolor y el sufrimiento torturen estos cuerpos, ni siquiera merece compararse con la gloria inefable que espera a los que soportan la transición.

La atracción magnética de Dios

Durante los años en que he visto a cuerpos morir, he notado una experiencia común. La llamo "la atracción magnética". Estoy convencido de que la muerte le llega al santo mucho antes de que exhale el último suspiro. Cuando el Señor le da vuelta a la llave, una fuerza magnética del Espíritu de Dios comienza a atraer al ser querido hacia sí. De alguna forma, Dios permite que la persona que está siendo atraída sepa lo que está sucediendo. Se le da un conocimiento íntimo de que va a casa. Ya ha visto un resquicio de la gloria celestial. Mientras los seres queridos rodean a la persona para pedir su resurrección, uno puede percibir que esa persona no desea seguir confinado ya más en su caparazón. Ha comenzado a resquebrajarse; ha mirado a través de la rotura y ha vislumbrado la Nueva Jerusalén, con todos sus espléndidos gozos eternos. Ha tenido una visión de las glorias que lo aguardan. Regresarse sería vacuidad.

No hace mucho, me encontraba junto al lecho de una santa madre que se moría de cáncer. La habitación del hospital resplandecía con la presencia de Dios. Su esposo e hijos cantaban himnos a media voz; y, aunque ella estaba muy débil, levantó el rostro hacia el cielo y musitó: "Siento que me atrae hacia sí. Es verdad, nos atrae hacia Él. Siento como un imán poderoso, y voy cada vez más deprisa, y no quiero que nadie me detenga." En pocas horas, rompió su caparazón carnal para entrar en el círculo íntimo de Dios. En esa santa hora, nadie se atrevió a interferir con este divino proceso de cambio, cuando lo terrestre era absorbido por lo celestial.

Resulta tan triste escuchar a cristianos que censuran a Dios por separarlos de sus seres queridos. "Señor, no es justo," arguyen. Aunque es difícil criticar lo que las personas dicen en momentos de profundo dolor, creo que ese comentario puede ser egoísta. Sólo pensamos en nuestra pérdida, y no en la ganancia de ellos. Dios sólo saca de este mundo a los que ya no puede seguir amando de lejos. El amor mutuo de Dios y el creyente exige que éste pase a su presencia. Entonces es cuando el amor es perfeccionado. Estar con el Señor es experimentar su amor con toda plenitud.

Ahí, pues, nos encontramos, impotentes, junto al ser querido que inicia el tránsito llamado muerte. Sabemos que es una senda oscura y solitaria, y le podemos sostener la mano sólo hasta cierto punto. Llega el momento en que debemos dejar que ese ser querido siga avanzando solo para que Jesús lo tome de la mano. No es nuestro; le pertenece a Él. Nos sentimos tan impotentes, pero nada podemos hacer, sino descansar en el conocimiento de que el Señor ya se ha hecho cargo del asunto y que nuestro ser querido está en buenas manos. Entonces, en un abrir y cerrar de ojos, lo perdemos de vista. La batalla ha concluido. Sólo queda el caparazón quebrado. El alma liberada ha volado hacia la presencia santa de Dios. La muerte del justo es algo precioso. David, el salmista, escribió: "Estimada es a los ojos de Jehová la muerte de sus santos" (Salmo 116:15). Dios ve la muerte de uno de sus hijos como un momento querido. Pero nosotros los humanos encontramos muy poco o nada que sepamos apreciar en esta experiencia.

Una joven madre me contó una historia lamentable del trauma que sufrió después de la muerte de sus dos hijos. El primero murió a los dieciocho meses. El segundo vivió sólo unos dos meses. La madre había pensado que Dios le había dado el segundo hijo para compensar la pérdida del primero . . . y ahora ambos estaban muertos. Tanto ella como su esposo cristiano pasaron meses examinándose. ¿Había habido pecado en sus vidas? ¡Habían enojado a Dios con dudas acerca de su poder sanador? ¿Eran en alguna forma responsables por las muertes de sus hijos? Entonces, un día tenebroso, un "buen amigo cristiano" llegó a verlos con lo que dijo ser un mensaje del Señor. Les dijo que el Señor los estaba castigando por rencores ocultos y por deshonestidad en su matrimonio. "Esos hijos suyos seguirían viviendo — les afirmó —, si sus corazones se hubieran purificado de todo pecado y si hubieran hecho una confesión adecuada."

Se sintieron aplastados bajo la desesperación. Pero Dios, en su misericordia, les mostró lo ridículo de tales pensamientos. Esa enseñanza es una tontería trágica. ¡Dios no juega a la ruleta rusa con las vidas!

¿Debemos dejar de orar por los moribundos? ¿Debemos desistir completamente en el caso de enfermos desahuciados? ¿Debiéramos limitarnos a verlos morir, si esa es la sanidad definitiva? ¡Nunca! Más que nunca antes en mi vida, creo en la sanidad divina. Debiéramos orar para que todos sean curados. Y las únicas personas que no son curadas, según nuestro concepto de sanidad, son las que han sido escogidas para la sanidad definitiva. A algunos no se les restauran órganos o extremidades; en lugar de ello se les otorga la curación perfecta: cuerpos glorificados, indoloros, eternos. ¿Cómo es que nuestra mente puede pensar que hay un milagro mayor que la resurrección de los muertos?

Somos demasiado terrenales

Todos los mensajes acerca de la muerte nos turban. Tratamos de ni siquiera pensar en ella. Sospechamos que los que hablan de ella son morbosos. De vez en cuando, hablamos de cómo debe ser el cielo, pero, la mayor parte del tiempo el tema de la muerte es tabú.

¡Cuán diferentes fueron los primeros cristianos! Pablo habló mucho de la muerte. De hecho, a nuestra resurrección de los muertos en el Nuevo Testamento se la llama nuestra "bendita esperanza". Pero en la actualidad, se ve a la muerte como una intrusa que nos corta el nexo con la buena vida a la que nos hemos acostumbrado. Hemos llenado nuestra vida con tantas cosas materiales; estamos atados a la vida. El mundo nos ha atrapado con el materialismo. Ya no podemos soportar el pensamiento de abandonar nuestras hermosas cosas, nuestras queridas posesiones, nuestras encantadoras esposas. parece que estemos pensando: "Morir ahora sería una pérdida demasiado grande. Amo al Señor, pero necesito más tiempo para disfrutar de mi heredad. Estoy casado. Todavía tengo que probar mis bueyes. Necesito más tiempo."

Hemos notado que se habla muy poco, en la actualidad, acerca del cielo o acerca de abandonar este viejo mundo. En vez de ello, nos bombardean con mensajes acerca de cómo utilizar nuestra fe para conseguir más cosas. "El siguiente avivamiento — dijo uno de esos maestros bien conocidos —, será un avivamiento financiero. Dios va a derramar bendiciones financieras sobre todos los creyentes."

¡Qué concepto tan miope de los propósitos eternos de Dios! No sorprende que tantos cristianos se asusten ante el pensamiento de la muerte. La verdad es que estamos lejos de entender el llamamiento de Cristo de dejar el mundo y todas sus amarras. Nos llama a morir, morir sin edificar monumentos a nosotros mismos, morir sin preocuparse de cómo se nos recordará. Jesús no dejó ninguna autobiografía, ningún complejo de oficinas centrales, ninguna universidad ni escuela bíblica. Nada dejó para perpetuar su memoria excepto el pan y el vino.

¿Cuál es la revelación mayor de la fe, y cómo debe practicarse? La encontraremos en Hebreos:

Conforme a la fe murieron todos éstos ... confesando que eran extranjeros y peregrinos sobre la tierra ... Pero anhelaban una mejor [patria], esto es, celestial; por lo cual Dios no se avergüenza de llamarse Dios de ellos; porque les ha preparado una ciudad.

Hebreos 11:13, 16

Esta es mi sincera oración a Dios:

Ayúdame a liberarme de la servidumbre de las cosas. No permitas que desperdicie mi don de vida buscando mis propios placeres y metas egoístas. Ayúdame a someter todos mis apetitos a tu control. Hazme recordar que soy peregrino, no colono. No soy tu hincha, sino tu seguidor. Sobre todo, líbrame de la servidumbre del temor de la muerte. Hazme entender por fin que morir en Cristo es ganancia. Ayúdame a mirar hacia adelante, con amada expectación, a mi momento de sanidad definitiva.

... y el que vivo, y estuve muerto; mas he aquí que vivo por los siglos de los siglos.

Apocalipsis 1:18

... para destruir por medio de la muerte al que tenía el imperio de la muerte, esto es, al diablo, y librar a todos los que por el temor de la muerte estaban durante toda la vida sujetos a servidumbre.

Hebreos 2:14, 15

... pero que ahora ha sido manifestada por la aparición de nuestro Salvador Jesucristo, el cual quitó la muerte y sacó a la luz la vida y la inmortalidad por el evangelio.

2 Timoteo 1:10